A SEXUALIDADE NA BÍBLIA

A SEXUALIDADE NA BÍBLIA

O que os Textos Sagrados nos Revelam sobre o Amor e o Sexo

Tradução para o inglês e notas de
TERESA J. HORNSBY

Prefácio de
AMY-JILL LEVINE

Tradução para o português de
GILSON CÉSAR CARDOSO DE SOUSA

EDITORA CULTRIX
São Paulo

Título original: *Sex Texts from the Bible*.

Tradução para o inglês, anotações e material introdutório © 2007 Teresa J. Hornsby.

Publicado originalmente em inglês por Skylight Paths Publishing, P.O. Box 237, Woodstock, Vermont, USA – 05091 – www.skylightpaths.com

Prefácio © 2007 Amy-Jill Levine.

Todos os direitos reservados. Nenhuma parte deste livro pode ser reproduzida ou usada de qualquer forma ou por qualquer meio, eletrônico ou mecânico, inclusive fotocópias, gravações ou sistema de armazenamento em banco de dados, sem permissão por escrito, exceto nos casos de trechos curtos citados em resenhas críticas ou artigos de revistas.

A Editora Pensamento-Cultrix Ltda. não se responsabiliza por eventuais mudanças ocorridas nos endereços convencionais ou eletrônicos citados neste livro.

Dados Internacionais de Catalogação na Publicação (CIP)
(Câmara Brasileira do Livro, SP, Brasil)

Hornsby, Teresa J., 1959 –
  A sexualidade na Bíblia : o que os textos sagrados nos revelam sobre o amor e o sexo / tradução para o inglês e notas de Teresa J. Honsby ; prefácio de Amy-Jill Levine ; tradução para o português de Gilson César Cardoso de Sousa. — São Paulo: Cultrix, 2009.

  Título original: *Sex texts from the Bible*.
  Bibliografia.
  ISBN 978-85-316-1039-4

  1. Amor na Bíblia 2. Bíblia – Citações 3. Sexo – Amy-Jill.
II. Título.

09-01281   CDD-241.677

Índices para catálogo sistemático:
1. Sexualidade na Bíblia : Cristianismo 241.677

O primeiro número à esquerda indica a edição, ou reedição, desta obra. A primeira dezena à direita indica o ano em que esta edição, ou reedição, foi publicada.

Edição	Ano
1-2-3-4-5-6-7-8-9-10-11	09-10-11-12-13-14-15-16

Direitos de tradução para o Brasil
adquiridos com exclusividade pela
EDITORA PENSAMENTO-CULTRIX LTDA.
Rua Dr. Mário Vicente, 368 — 04270-000 — São Paulo, SP
Fone: 2066-9000 — Fax: 2066-9008
E-mail: pensamento@cultrix.com.br
http://www.pensamento-cultrix.com.br
que se reserva a propriedade literária desta tradução.

Sumário

Prefácio 7
Agradecimentos 10
O sexo e a Bíblia: por que isso lhe interessa 12
Nota sobre a tradução 30

Casamento e Vida Familiar

Eufemismos para o sexo e os genitais 35
"Namoro" 43
Casamento 49
Divórcio 57
Quando o marido trai a esposa 63
Casamento inter-racial 69
Uniões inter-raciais 75
Esposas e maridos múltiplos 77
Luxúria, paixão e desejo 85
Orientação sexual 93
Solteiros e eunucos 109
Os papéis dos sexos e o travestismo 115
Masturbação 121
Nudez 125

6   A SEXUALIDADE NA BÍBLIA

Doenças sexualmente transmissíveis e
anormalidade genital 131
Filhos "ilegítimos" 135

A Sexualidade da Mulher

Virgindade 141
Prostituição 147
Menstruação 159
Contracepção, aborto induzido e aborto espontâneo 161

Sexualidade Destrutiva

Agressão sexual, estupro e violência doméstica 173
Incesto 187
Bestialismo 193

Alegria e Deleite Sexual

Alegria e deleite sexual 199

Notas 205
Sugestões de leitura 207

Prefácio

Amy-Jill Levine

Nestes tempos em que o desconhecimento da Bíblia provoca uma polêmica acirrada e moralista, chegando a um grau nunca visto de agressividade, temos finalmente uma coletânea que vai além da ignorância e do ódio para explicar não apenas *o que* a Bíblia diz sobre o sexo, mas também *por que* o diz. Como se presta a diversos pontos de vista, contextos históricos e matizes linguísticos, esta coletânea subtrai a Bíblia ao fanatismo com que é usada nas guerras culturais de hoje e, ao contrário, convida o leitor a elaborar suas próprias interpretações. Só por esse serviço Teresa Hornsby já mereceria a gratidão de todos os leitores da Bíblia.

Pessoas de boa vontade, interesse teológico e integridade pessoal talvez se encontrem em lados opostos de muitos dos problemas que trazem, direta ou indiretamente, a rubrica da Bíblia e da sexualidade. Isso não quer dizer, em absoluto, que uma visão seja certa e a outra, errada. *Quer dizer*, contudo, que não devemos demonizar aqueles cujas interpretações diferem das nossas.

Todo leitor interpreta e a interpretação é necessária para se entender a Bíblia. Por exemplo, temos de distinguir entre leitura literal e metáfora ou hipérbole. A frase: "Se tua mão direita te induz a pecar, corta-a e atira-a fora" (Mateus 5:30a, parte do Sermão da Montanha) é uma ordem ou um exagero? Trata-se da condenação de um determinado comportamento como ter inveja, roubar, masturbar-se ou, o que é menos provável (embora já me tenham dito isso), dar socos?

Às vezes, decidimos que um texto está superado ou contraria a vontade divina; é o caso de I Pedro 2:18: "Escravos, respeitai a auto-

8 A SEXUALIDADE NA BÍBLIA

ridade de vossos donos com a máxima deferência, não apenas dos bons e magnânimos, mas também dos maus." Passagens exortando a esse tipo de obediência também fazem parte da discussão da Bíblia e da sexualidade, uma vez que o corpo do escravo pertencia ao dono e podia, assim, ser usado para finalidades eróticas.

Outras vezes, ignoramos o sentido original. A passagem de I Timóteo 2:15 declara que a mulher se salvará tendo filhos; muitas igrejas não ensinam isso hoje em dia ou modificam a tradução para sugerir que o autor está falando do nascimento de um filho em particular, Jesus. Nenhuma igreja importante, atualmente, insiste em que as mulheres procriem a fim de serem salvas. Do mesmo modo, Jesus adverte: "Ouvistes o que foi dito, 'Olho por olho, dente por dente'" (Mateus 5:38, citando Êxodo 21:24; Levítico 24:20, Deuteronômio 19:21). Sem dúvida as pessoas tinham ouvido isso, mas, na época, já não levavam a frase ao pé da letra. A compensação monetária substituía a mutilação física.

Mesmo depois de determinar a melhor acepção para uma frase, nossa interpretação não está completa. Devemos perguntar: "A frase em questão é endereçada a todos, a um grupo ou a uma pessoa? Vale para todas as épocas ou é histórica e culturalmente contingente?" Por exemplo, quando as primeiras criaturas humanas ouvem, em Gênesis 1: "Frutificai e multiplicai-vos, e enchei a terra inteira, e sujeitai-a", a ordem vale para os homens e as mulheres ou só para os homens (motivo de debate entre os antigos rabinos)? E quanto à superpopulação? E quanto às pessoas que não são férteis? Pode alguém ser "frutífero" e multiplicar-se por outros meios que não a procriação, como pregar o evangelho ou trabalhar para organizações como os Médicos sem Fronteira? Do mesmo modo, quando Paulo aconselha as mulheres, em Coríntios, a ficarem caladas (ver I Coríntios 14:33b-36), fala a todas as mulheres de Corinto, apenas às casadas ou às de toda parte? Por que nós hoje, em Nashville ou Nova York, leríamos cartas endereçadas a uma igreja da Grécia?

Uma maneira de nos situarmos nos diversos textos e interpretações é encontrar uma pedra de toque da verdade. Essa pedra de toque

PREFÁCIO

pode ser o que os Evangelhos chamam de "O Maior dos Mandamentos", extraído de Deuteronômio 6 e Levítico 19. Mateus 22:36-40 faz um interlocutor perguntar a Jesus: "Mestre, qual mandamento, na Lei, é o maior?" E Jesus responde: "'Amarás o Senhor teu Deus com todo o teu coração, toda a tua alma e todo o teu pensamento'. Este é o primeiro e o maior dos mandamentos. E o segundo é: 'Amarás o teu próximo como a ti mesmo'." No entender de outros, a pedra de toque seria o conselho do profeta Miquéias, segundo o qual tudo o que o Senhor exige é "fazer justiça, cultivar a bondade e seguir humildemente o teu Deus" (Miquéias 6:8). Mas talvez a pedra de toque seja nosso próprio coração e a nossa mente ou os ensinamentos de nossa tradição religiosa particular.

Como, então, devemos ler os textos que Teresa Hornsby reuniu? Convém acatar o que Mateus diz do "escriba instruído acerca do reino dos céus" – aquele que retira de seu "cofre" (a palavra grega é *thesaurós*) coisas velhas e novas (Mateus 13:52). Olhemos para o passado, para as Escrituras, mas também para o futuro. Não desdenhemos a história ou a tradição, a ciência ou a experiência pessoal. Além disso, teologicamente falando, a comunicação entre o céu e a terra não cessa ao final do cânone bíblico. Ao contrário, toda tradição que considera sagrados esses textos preceitua a continuidade da revelação – por intermédio do Espírito Santo, dos mestres da comunidade, da comunhão entre o leitor individual e as Escrituras. Se limitarmos nossa compreensão religiosa à Bíblia, estaremos praticando o que se conhece por bibliolatria: transformaremos a Bíblia em ídolo, em vez de encará-la como um texto vivo, que fala de uma maneira nova a cada geração.

Finalmente, sugiro não vermos a Bíblia como um livro de "respostas" aos problemas da vida. Vejamo-la, antes, como um livro de perguntas, que levanta questões seminais (ou, caso se prefira, ovulares – as metáforas dizem muito sobre nós) a respeito da existência, nosso lugar no mundo e nossa relação com algo superior ao nosso eu individual.

Agradecimentos

Escrever este livro foi uma alegria. Eu ficava ansiosa para abrir suas páginas a cada manhã e registrar todas as coisas que aprendi, ponderei e ensinei ao longo da última década. Publicara inúmeros artigos e capítulos de livro escritos para outros estudiosos de minha área e às vezes me perguntava se alguém de fato os lia. Nesse caso, teriam alguma importância? Este livro, sim, tem importância. Resume pelo menos cem anos de erudição bíblica sobre passagens que moldaram algumas de nossas atitudes modernas a respeito do sexo. Assim, como esta é uma página tanto de agradecimentos como de reconhecimentos, gostaria de reconhecer a dois receios.

O primeiro receio é que meus colegas acadêmicos não levem a sério o livro por ser simples. Tornei acessíveis a todos algumas teorias complicadas (é o que faço em minhas aulas diariamente). Sei, com base em minha experiência universitária, que para qualquer declaração sobre um contexto histórico, intenção do autor ou significado de palavra, existem pelo menos quatro argumentos sólidos e válidos em contrário. Neste livro, explorei as possibilidades e escolhi uma ou duas que me pareceram mais plausíveis e consistentes.

O segundo receio é que meus vizinhos de Ozark achem o livro alegre demais, leviano demais e até desrespeitoso demais. Amo a Bíblia: sua história, seus contos, a esperança que proporciona. E sou também consciente dos danos que pode causar. Ela é como uma faca afiada: nas mãos do assassino, uma arma; nas mãos do cirurgião, um instrumento para salvar vidas. Não quero que, aos olhos de ninguém, o livro pareça um ataque à Bíblia. É apenas um esforço sincero para

AGRADECIMENTOS

lê-la de um modo que esclareça, tornando acessíveis e relevantes, algumas passagens cruciais.

Agradeço aos meus alunos. Eles fazem as perguntas que procuro responder neste livro. Sabem que essas perguntas são importantes e, por isso, merecem resposta. Que tem a Bíblia a dizer sobre assuntos sexuais no nível pessoal, nacional e global? Historicamente, leis que proíbem certos tipos de casamento – o inter-racial, por exemplo – são muitas vezes baseadas na Bíblia. Hoje, decisões legislativas sobre casamento homossexual ou financiamento de programas relacionados ao sexo, como educação para a abstinência ou planejamento familiar internacional e nacional, frequentemente se apoiam em argumentos tirados da Bíblia. Meus alunos sabem disso e conversamos muito a respeito. Agradeço-lhes, pois, por me fazerem refletir sempre sobre a interseção entre política, sexo e Bíblia. Eles me forçam a, constantemente, manter meu trabalho atualizado e relevante.

Agradeço também a meus melhores amigos e colegas, dra. Regina Waters e dr. Steve Mullins, por muitas e muitas conversas "socialmente lubrificadas", mas altamente intelectuais. Considero inestimáveis suas ideias sobre esse assunto. Tive também uma ótima professora de cultura bíblica, pensadora crítica e amiga: minha mentora desde 1996, Amy-Jill Levine. Nada do que fiz poderia ter sido feito sem a sua ajuda.

Conto com o maravilhoso apoio de amigos e colegas da Drury University em Springfield, Missouri. Agradeço à dra. Lisa Esposito e ao dr. Charles Taylor pela bolsa de estudos. Continuo a valorizar minhas conversas com a dra. Melisa Klimaszewski e aprecio muito suas ideias excepcionais, seu olhar crítico e o senso de humor bizarro que compartilhamos. Finalmente, minha gratidão especial a Ruth Arick, a quem dedico este livro. Ela é uma mulher sábia, que torna tudo mais fácil. Deu-me um presente valiosíssimo: a clareza.

O sexo e a Bíblia:
por que isso lhe interessa

Este livro é o remate de minha reflexão sobre a Bíblia, que vem me ocupando desde os 7 anos de idade. Embora constituísse quase toda a minha vida social, a igreja também me atraía intelectualmente. Gostava da história de Jesus, de imaginar como eram ele e o mundo em que viveu. Lembro-me, porém, da surpresa que tive ao ouvir alguns pregadores atacando os judeus, os homossexuais e até os comunistas. Mocinha ingênua, eu não sabia sequer o significado dessas palavras, mas não fazia sentido que um livro sobre Jesus, a meu ver todo dedicado à paz e ao amor (eu era uma aspirante a *hippie* – via essa turma na televisão), fosse usado para incentivar o ódio. O presente livro é, pois, uma tentativa de anular a distância entre a autoridade bíblica e nós. Trata-se de uma referência, fundamentada na Bíblia, para entender o que é igual e o que é diferente no sexo. Como política e religião, religião e sexo parecem também parceiros de cama inviáveis. Entretanto, a linguagem da religião é a linguagem do sexo: paixão, êxtase, desejo. Tanto a religião quanto o sexo derivam dos impulsos da humanidade para se fundir com Deus e com a criatura amada. O problema é que tendemos a aviltar e demonizar aqueles que "fazem" diferentemente de nós.

Por exemplo, em maio de 1970, a Cruzada Billy Graham chegou a Knoxville. Então com 11 anos de idade, criada numa paróquia rural da igreja East Tennessee Southern Baptist, eu nunca vira coisa igual. Íamos lá todas as noites; mamãe cantava no coro. Certa feita, o presidente Nixon discursou. Eu não fazia a mínima ideia de quem ele era – ou melhor, sabia que era o presidente, mas não o que representava

12

O SEXO E A BÍBLIA: POR QUE ISSO LHE INTERESSA 13

na época. Minha única experiência da guerra do Vietnã era o fato de o querido irmão de mamãe, Rob, ter sido morto lá em 1966. Havia protestos, repressão policial, armas, cruzes e Bíblias por toda parte. Foi a primeira vez que assisti realmente a um conflito entre religião e política. Naquele momento, pensei: "Por que essa gente está aqui? Isto é um culto religioso." Levei anos para poder responder a semelhante pergunta. O ativismo político e o fundamentalismo religioso não se excluem mutuamente: ambos partilham as mesmas paixões em relação às almas dos homens. Os dois grupos às vezes conseguem entender o amor, mas fazem-no como zelotes ensandecidos.[1]

Muitas pessoas com quem conversei sobre a Bíblia e o sexo encaram o assunto com um destes três pressupostos em mente: (1) "O que a Bíblia fala sobre o sexo é totalmente irrelevante; o que as pessoas disseram e fizeram em termos de sexo numa terra longínqua, há milhares de anos, não tem nada a ver comigo"; (2) "Não sei bem o que isso tem a ver comigo, mas pelo menos é um bom tema para se discutir em festinhas" ou (3) "Isso deve ter algo a ver comigo; as pessoas estão sempre citando a Bíblia quando falam de sexo. Gostaria de saber mais a respeito". O presente livro poderá ser útil a cada um desses grupos.

Quer o percebamos ou não, nossas atitudes frente ao sexo nos Estados Unidos são em grande parte calcadas em traduções e interpretações da Bíblia. Quando discutimos a moralidade do sexo pré-marital, divórcio, masturbação e casamento gay, os debates sociais e as leis vigentes sobre tais assuntos se baseiam na Bíblia. Ora, você talvez pense, como as pessoas do primeiro grupo, que as palavras da Bíblia sobre seja lá o que for são absolutamente irrelevantes. Essa postura seria verdadeira se você vivesse sozinho numa ilha ou não quisesse nunca mais conversar com ninguém. Nossas preocupações com o sexo e a sexualidade dos outros permeiam nossa existência cotidiana. O sexo está por toda parte: vende automóveis, diverte-nos, dá-nos dinheiro e prazer. Como o sexo é onipresente em nossa cultura, e como a Bíblia fala sobre sexo, o que ela fala deve ter lá sua importância.

14 A SEXUALIDADE NA BÍBLIA

Pelo segundo pressuposto, a Bíblia é moeda cultural corrente; hoje em dia está, não há dúvida, "valorizada". Na verdade, um dos motivos pelos quais resolvi escrever o livro foram as descobertas que fiz enquanto viajava, frequentando aeroportos, aviões e outros espaços públicos. Em geral, as pessoas me perguntam o que faço. Quando lhes digo que estudo a Bíblia e o sexo... bem, as coisas mudam de figura. É grande a curiosidade sobre como esses dois tópicos se coadunam. Mais: mesmo que você se considere um estranho à religião, o assunto se infiltrou – não, *transbordou* – na consciência pública graças ao livro e ao filme *O Código Da Vinci*. A Bíblia e a sexualidade talvez tenham sido pontos interessantes de conversação para alguns, mas agora se deslocaram para o centro do consumismo. Em especial, a questão de saber se Jesus fazia ou não fazia sexo tornou-se um importante item de consumo para os americanos em geral.

Que a sexualidade de Jesus cause furor é ao mesmo tempo surpreendente e esperado. O fato de tantas pessoas ficarem perplexas com a ideia de que ele praticava sexo é estranha porque a suspeita de que Jesus e Maria Madalena foram amantes corre mundo há perto de dois mil anos. Alguns cristãos primitivos consideravam Maria Madalena o "discípulo" favorito de Jesus, a quem ele confiou ensinamentos secretos. Artistas posteriores pintaram-na como a amante do Cântico dos Cânticos, que busca o amado no jardim. Essa imagem é uma alegoria do Cristo e sua bem-amada, a igreja. Com efeito, a igreja primitiva é representada por Maria Madalena. Ela (a igreja) procura a consumação espiritual com Cristo, mas ainda assim a imagem artística é intensamente erótica.

Por outro lado, a preocupação das pessoas com a sexualidade de Jesus é um frenesi com que se deve contar porque fomos condicionados a crer que sexo e cristianismo (do modo como interpretamos a Bíblia, os profetas, os padres e Jesus) são incompatíveis. Acreditamos que isso seja verdade principalmente devido ao modo como fomos educados. Quando examinamos a Bíblia mais de perto, em suas múltiplas traduções e partes do idioma original, ela não parece tão inimiga do sexo quanto se possa pensar. E se às vezes o condena, faz isso

O SEXO E A BÍBLIA: POR QUE ISSO LHE INTERESSA 15

por motivos inesperados ou sem nenhum sentido para nós. Seja como for, a Bíblia tem muita coisa valiosa a nos dizer sobre nossa própria sexualidade. Devemos aprender o que ela diz ou omite porque muito do que nós e os outros fazemos sexualmente é julgado com base no que as pessoas supõem estar na Bíblia.

Ao mesmo tempo, conforme seria de esperar, algumas coisas (mas não todas, é claro) que a Bíblia diz sobre o sexo nos parecem absolutamente vazias para os dias de hoje. Passa por alto, o que causa surpresa, tópicos a respeito dos quais deveria tomar posição firme – por exemplo, frequentar prostitutas, ter mais de uma esposa, praticar sexo com a filha. Além disso, complica questões que absolutamente não nos chamam a atenção, como a época em que a mulher deve voltar a fazer sexo depois do parto.

Quando examinamos os trechos eróticos da Bíblia, detectamos duas grandes diferenças entre o passado e o presente. Em primeiro lugar, a sexualidade feminina era uma forma de propriedade no Israel antigo. Um homem podia ter bens como escravos, animais e mulheres. Em alguns casos, quanto mais rico e poderoso ele era, mais mulheres possuía. Leis sobre o que hoje consideraríamos violações de ordem sexual, como adultério, sexo pré-marital e estupro, eram leis sobre crimes contra a propriedade, na Bíblia.

Em segundo lugar, boa parte do que a Bíblia diz a respeito de sexo é alegórica. Muitas das profecias e narrativas incluem exemplos de cópula, estupro, incesto e violência doméstica. A Bíblia descreve essas situações exatamente da mesma maneira que registra a inabalável e às vezes desastrosa relação entre Deus e seu povo. Por exemplo, se Israel começasse a adorar ídolos, a Bíblia falaria de uma mulher adúltera pondo chifres no marido. Israel assinou, por assim dizer, um contrato matrimonial com Deus. Encontramos o mesmo tema no Apocalipse: são considerados adúlteros os cristãos que participam da cultura "pagã". Uma história de estupro incestuoso, como o cometido por Amnom contra sua irmã Tamar (ambos filhos de Davi), prefigura uma guerra civil que literalmente dividiu a casa desse rei. Assim, alguns versículos que as pessoas julgam alusivos à nossa vida pessoal

16 A Sexualidade na Bíblia

foram concebidos primariamente como comentário alegórico sobre a situação espiritual dos judeus e cristãos.

Não obstante, quer aceitemos ou não a autoridade da Bíblia, ela é a principal fonte moderna em assuntos sexuais. Faz declarações incisivas sobre sexo, como "o homem que se deitar com outro homem qual se fora uma mulher deve ser executado" (Levítico 20:13). Como entender essa passagem? Sabemos o que ela realmente diz e qual o significado das palavras? Por que os israelitas iriam matar homens que faziam sexo com homens se outras sociedades achavam tal prática aceitável (ou ao menos tolerável)? Nós, americanos modernos, estamos obrigados a acatar essa lei embora não sejamos israelitas? Se eu reconhecer a autoridade da Bíblia – isto é, se a Bíblia me orientar cotidianamente em minha vida doméstica, meus negócios e minhas tendências políticas –, terei de refletir sobre essa passagem e outras semelhantes.

Hoje, muitas pessoas para quem a Bíblia é a parte central de suas vidas têm amigos gays. Como conciliam o mandamento "ama o teu próximo" com a ordem de trucidar os homossexuais? Além disso, haverá alguma ligação entre os crimes odiosos cometidos contra gays ou lésbicas e o que a Bíblia diz em Levítico 20 ou Paulo em Romanos 1? A Bíblia afeta nossos sentimentos pessoais e sociais com relação à sexualidade; pode encorajar em nós a compaixão e a aceitação ou o preconceito e a violência. Portanto, como pessoas sexuadas e éticas, temos de examinar esses textos. Temos, pelo menos, de saber o que a Bíblia diz sobre o sexo porque ela é usada para justificar a discriminação e mesmo a truculência contra certos tipos de comportamento sexual.

Os textos que selecionei para este livro estão agrupados tematicamente. Talvez você queira saber o que a Bíblia diz sobre o matrimônio em geral; ou talvez seus interesses sejam mais específicos, como casamento inter-racial, poligamia, uniões com diferença de idade. Alguns dos textos sem dúvida lhe soarão familiares: a história de Sodoma e a concepção de Maria, por exemplo. Outros não são tão conhecidos, como o caso da mulher que bebe uma poção para abortar ou o da jovem cujo sogro a confunde com uma meretriz. A Bíblia está cheia de

O SEXO E A BÍBLIA: POR QUE ISSO LHE INTERESSA 17

histórias, códigos e ensinamentos sobre sexualidade, embora muitas vezes os contatos sexuais e os motivos da cópula nos pareçam estranhos. Por exemplo, uma razão de peso para fornicar, em ambos os testamentos, é garantir um herdeiro para que os bens permaneçam na família. Hoje, no entender de muitas pessoas, gerar um herdeiro não estaria provavelmente entre as cinco razões principais para fazer sexo. Um dos problemas na escolha de textos bíblicos capazes de interessar ao homem moderno na questão do sexo é que... bem, somos modernos. Um exemplo: não há, nem no hebraico nem no grego bíblico, uma palavra para "homossexualidade". Não há uma palavra para "aborto". De fato, nas Escrituras em hebraico, não há sequer uma palavra para "casamento". Em tais casos, escolhi textos que sacerdotes, eruditos, tradutores e intérpretes em geral têm usado para tratar desses assuntos. Dependendo da passagem, recorro a diversos métodos de análise. Posso discutir uma palavra hebraica ou grega cujas traduções alternativas às vezes invertem radicalmente, ou pelo menos modificam, o significado de um trecho. Não raro apresento as circunstâncias externas e internas que moldaram a história ou o modo como a história foi usada em seu contexto. Contexto e circunstâncias esclarecem a passagem e desvendam-lhe o significado. Avalio a relevância de cada trecho para o mundo de hoje. Às vezes isso é fácil; outras, cansativo – mas sempre o leitor colherá os ensinamentos da Bíblia sobre sexo de uma maneira nova e diferente.

Escrevi este livro pensando em alguém muito especial: você. Se você for um ser humano interessado em sexo e estiver um pouco (ou muito) curioso quanto ao que a Bíblia tem a dizer sobre o assunto, o livro foi feito sob medida para o seu caso – quer você seja um estudante, clérigo, pai ou alguém que apenas deseja saber o que há na Bíblia a esse respeito. O livro é uma conversa séria, e às vezes um tanto irreverente, com o leitor. Sou uma estudiosa acadêmica da Bíblia e dou cursos de graduação em Springfield, Missouri. Procuro, todos os dias, coletar informações a meu ver interessantes e importantes, esperando que meus alunos tenham a mesma opinião. Escrevi o livro na esperança de fazer outro tanto por você.

18 A Sexualidade na Bíblia

Muitas páginas eruditas e revolucionárias sobre essas passagens já foram escritas por pesquisadores respeitados em meu campo (Athalya Brenner, Bernadette Brooten, Claudia Camp, William Countryman, Amy-Jill Levine, Jane Schaberg e muitos outros). Subi aos ombros de gigantes. Meu intento é resumir ideias básicas de natureza histórica, teológica, literária e linguística sobre a Bíblia e compará-las às modernas atitudes frente ao sexo numa conversa com você, para que descubra como é importante e útil saber o que as Escrituras têm a dizer sobre sua vida amorosa. Quando terminar de ler estas páginas, aconselho-o a recorrer às obras listadas na seção Sugestões de leitura, ao final do volume.

Casamento e vida familiar

O livro está dividido em quatro seções principais: Casamento e vida familiar, A sexualidade da mulher, Sexualidade destrutiva e Alegria e deleite sexual. Primeiro, examino as questões sexuais mais comuns, que fazem parte de nosso cotidiano, como casamento heterossexual, divórcio, infidelidade conjugal, controle de natalidade e masturbação. Em muitos casos as palavras *ish* (homem) e *isha* (mulher) são traduzidas como "marido" e "esposa". Na Bíblia, quando um homem "toma" uma mulher (fica noivo dela ou a possui), ambos são considerados casados. Não há nenhuma cerimônia nupcial, embora na história de Jacó e Léia se mencione um período de sete dias depois que Jacó "entrou a ela" (a consumação, Gênesis 29:27-28), considerando-se isso uma espécie de festa de casamento. Há indícios de um contrato matrimonial, chamado *ketubah* (ainda em uso no judaísmo), já na época do exílio babilônico. Às vezes um casamento, sobretudo com uma segunda esposa ou uma concubina, não passava de um presente de homem para homem. Muito pouco romântico.

Embora, na Bíblia, o casamento seja o mais das vezes um negócio e não um ritual de amor, a infidelidade conjugal (adultério) é coisa séria – séria quando uma esposa se deita com outro homem. Em se tratando do marido, não parece haver muito barulho quando ele

O SEXO E A BÍBLIA: POR QUE ISSO LHE INTERESSA 19

visita prostitutas ou mulheres livres (viúvas ou solteironas). Tecnicamente, o adultério só é cometido quando está envolvida uma mulher noiva ou casada. O homem que faz sexo com a esposa ou futura esposa de outro, ou uma virgem em idade núbil, é nada mais nada menos que um ladrão. Está tomando o que não é seu e, no caso da virgem, diminui-lhe o valor; ela não passa de um bem depreciado.

Se a esposa trai o marido, sendo pega no ato com o amante, amante e esposa devem, teoricamente, ser executados de acordo com Levítico 20:10. (Há uma alusão a essa lei em João 8, quando uma mulher é levada à presença de Jesus para um julgamento legal.) Digo "teoricamente" porque talvez essas prescrições servissem apenas para intimidar; não sabemos se alguma vez a punição foi aplicada. A despeito disso, leis parecidas ainda constam dos códigos de alguns países, em nossos dias. No Marrocos, por exemplo, o artigo 418 da legislação penal reza: "Assassinato, ferimento e agressão são desculpáveis quando cometidos por um marido contra a esposa e o cúmplice no momento em que ele surpreende a ambos em pleno ato de fornicação." Na Jordânia, "Aquele que pilha a esposa ou parente do sexo feminino cometendo adultério, e mata, fere ou agride qualquer dos cúmplices, está isento de penalidade".[2] Esses são apenas dois exemplos de pelo menos dez códigos penais que adotam a mesma postura.

O divórcio é mencionado algumas vezes na Bíblia, mas não tanto quanto o adultério. Não fica claro, na Bíblia hebraica, até que ponto era fácil divorciar-se. Jesus, por outro lado, condena essa prática em Marcos, mas permite-a em Mateus quando há imoralidade sexual.

O controle de natalidade e o aborto não são nunca mencionados especificamente na Bíblia. Ela nos conjura a "não passar nossos filhos pelo fogo", o que pode ser uma referência ao sacrifício de crianças. Há a menção de um recém-nascido abandonado no campo, ainda sujo de sangue – provavelmente uma alusão ao infanticídio, embora nem essa palavra nem "aborto" sejam usados em parte alguma, de maneira explícita. Existem algumas passagens que hoje invocamos para defender ou atacar o aborto e talvez certas referências à contracepção – o emprego de determinadas ervas, por exemplo –, de modo que será conveniente examinarmos todas elas, para descobrir o que significam.

Essa seção também trata da sexualidade "anormal", se assim podemos nos expressar, sexualidade que no entanto é parte do cotidiano para muita gente nos Estados Unidos ou qualquer outro lugar. Por exemplo, a Bíblia se refere várias vezes ao casamento fora do grupo étnico. Nos tempos atuais, essas prescrições são frequentemente usadas para proibir relacionamentos inter-raciais, apesar de "raça" ser aqui um termo impróprio. Fato surpreendente, a Bíblia às vezes favorece o casamento fora do grupo étnico – outras, não. E mesmo quando condena veementemente a união conjugal com estrangeiros, não o faz pelas razões que seriam de esperar. Do mesmo modo, as leis bíblicas se mostram duríssimas contra o homoerotismo, sobretudo para os homens. Entretanto, notam-se sinais de afeto e ternura entre pessoas do mesmo sexo tanto na Bíblia hebraica quanto no Novo Testamento. Esses textos repudiam os travestis, mas aceitam os eunucos, os castrados.

Nos casos de abstinência sexual, celibato e fertilidade, temos também mensagens contraditórias. Os autores da Bíblia hebraica consideram os bebês um indício certo da bênção divina. Para o apóstolo Paulo, o celibato era preferível ao sexo; mas, se a pessoa não conseguisse se controlar, devia casar-se e ter vida sexual. No entender de autores cristãos posteriores, o casamento foi ordenado por Deus como sacramento, e ter filhos é um meio, para as mulheres, de alcançar a salvação.

A sexualidade feminina

A segunda seção mais importante aborda o tópico delicado da sexualidade feminina. Digo "delicado" porque os autores da Bíblia foram homens que escreveram para homens sobre o modo de controlar a sexualidade das mulheres. Não bastasse o fato de a Bíblia nos dar uma visão unilateral e nada atraente das mulheres, é muito difícil saber se ela fala de mulheres "reais" ou as emprega como meros símbolos de

O SEXO E A BÍBLIA: POR QUE ISSO LHE INTERESSA 21

Israel e da igreja. As mulheres são descritas como propriedade; sua sexualidade, como corrupta, se não francamente maligna. Pela maior parte, a sexualidade feminina apenas afasta o homem de Deus. Na Bíblia, o sexo feminino muitas vezes equivale ao deus estrangeiro. As sedutoras afastam os rapazes das mulheres "honestas", assim como os deuses estrangeiros induzem os israelitas a esquecer Deus (o bom marido). Os tópicos que tratam especificamente das mulheres, na Bíblia hebraica e no Novo Testamento, sempre pressupõem a sujeira, a impureza, a vergonha, a sedução, a perfídia e a morte.

Discuto a sexualidade feminina nos seguintes contextos: menstruação, aborto, contracepção, virgindade e prostituição. A Bíblia menciona especificamente a prostituição, a virgindade e a menstruação, mas só faz alusões vagas ao aborto e à contracepção. Há versículos e passagens que algumas pessoas invocam para defender ou condenar o aborto; todavia, não se menciona a palavra "aborto" nem se faz dele uma descrição clara nas Escrituras.

Ao mesmo tempo, a Bíblia discorre abundantemente, em seus códigos legais e narrativas, sobre a necessidade de confirmar que a mulher chegou virgem ao casamento. A virgindade é uma categoria complexa na Bíblia hebraica porque o valor monetário da mulher e a honra de seu pai estão inextricavelmente ligados. Discutirei também a virgindade de Maria, mãe de Jesus.

As prostitutas aparecem na Bíblia tanto quanto as virgens, se não mais. A Bíblia hebraica reserva amplo espaço às prostitutas. Em algumas histórias (por exemplo, Josué 2), elas são a salvação de Israel e o caminho para a monarquia. Em outras, seduzem rapazes e homens insensatos, arrastando-os para a perdição. Coisa estranha, a Bíblia jamais condena as prostitutas (a menos que sejam filhas de sacerdotes) nem proíbe que os solteiros as visitem de vez em quando. Aparecem na história da sabedoria de Salomão (I Reis 3:16-27); Jesus é acusado de sentar-se à mesa com elas (Mateus 9:11; Lucas 5:30) e Paulo adverte os coríntios sobre os riscos de frequentá-las, daí se deduzindo, pois, que gostavam de fazê-lo (I Coríntios 6:16).

Sexualidade destrutiva

A terceira seção do livro trata da sexualidade destrutiva: estupro, violência sexual, incesto. Trata também da bestialidade, mas só a menciona nos códigos. A Bíblia traz descrições vívidas de estupros. Não faltam estupros incestuosos, estupros cometidos por bandos, leis sobre estupros. No entanto essa prática, assim como o adultério, tende a incidir na categoria dos crimes contra a propriedade e não na da violência sexual. Se o homem fazia sexo com a esposa ou a filha de outro sem o consentimento dele (ou dela, o que caracterizava o estupro e não o adultério), estava tecnicamente roubando o vizinho e envergonhando uma mulher da comunidade. Manter a comunidade íntegra (e santa) era da máxima importância, como veremos adiante nesta introdução.

Há inúmeras passagens que descrevem a violência doméstica, particularmente nos Profetas. O problema é: quase sempre, o marido agressor é Deus. Embora o Novo Testamento prescreva claramente que os maridos tratem bem as esposas, pede também que estas sofram caladas caso eles as agridam. A Bíblia não conforta muito as mulheres que são vítimas de violência doméstica.

Relatos de incestos, na Bíblia, são problemáticos por uma série de razões. Em primeiro lugar, ela não proíbe explicitamente o sexo entre pai e filha nas listas dos "não farás". Em segundo, as histórias de incesto são, na maioria contos etiológicos, que explicam a origem de alguma coisa. Quando um pai possui a filha, por exemplo, o fruto da cópula é quase sempre um inimigo odiado. Assim, mesmo não proibindo o sexo entre pai e filha, a Bíblia declara de maneira nem um pouco sutil que "nossos inimigos são bastardos incestuosos".

Alegria e deleite sexual

A última seção do livro trata do prazer e do deleite sexual. Você pode ficar surpreso com alguns pronunciamentos rudes da Bíblia sobre sexo ou com seu silêncio sobre tópicos sexuais importantes; mas talvez se surpreenda também ao descobrir que ela celebra igualmente a paixão sexual, o desejo e a ternura. É minha seção favorita do livro.

Às vezes, o sexo é totalmente explícito na Bíblia; outras, implícito. Ela fala de seres humanos, de sua relação com Deus e com os semelhantes. Descreve os laços com o mundo divino por meio de metáforas sexuais e pode explicar muita coisa a respeito de nossos próprios relacionamentos amorosos: com quem devemos fazer sexo, com quem não devemos fazer sexo, quando devemos fazer sexo, quando não devemos fazer sexo, como devemos fazer sexo e como não devemos fazer sexo. Para descobrir até que ponto essas passagens podem afetar a nossa vida hoje, seria útil, primeiro, investigar o que os antigos escritores tinham em mente quando relatavam, por exemplo, que Sara ainda sentia prazer sexual na velhice (Gênesis 18:10-12). Ou que Isaque e Rebeca, apanhados se acariciando, foram desmascarados pelo rei, o qual soube imediatamente que não eram irmão e irmã, conforme haviam declarado, mas marido e mulher. Há tesouros a descobrir nas passagens sobre prazer sexual caso nos disponhamos a lê-las com vagar, determinando o significado das palavras, refletindo sobre o contexto histórico e reconhecendo que, de fato, existe sexo na Bíblia.

Separação

Conforme já mencionei, os motivos que a Bíblia tem para falar tanto de sexo nem sempre se conformam às nossas expectativas. Outras, esses motivos são exatamente aqueles que esperaríamos. À semelhança de todas as grandes tradições e histórias sagradas de um povo, muito do que a Bíblia diz deriva de uma mentalidade cultural específica. As leis, os relatos sobre os ancestrais, os profetas e as crônicas dos reis, rainhas e guerras foram contados, escritos, reescritos e adaptados segundo certas ideias a respeito de Deus, estrangeiros, homens e mulheres, e intersecções entre eles. E bem no meio disso tudo estavam o sexo e a comida. Eis por quê: os israelitas desejavam preservar sua própria cultura – ficar livres de influências estrangeiras. Afinal,

24 A Sexualidade na Bíblia

Deus lhes ordenara serem "santos como Eu próprio" (Levítico 19:2). A palavra hebraica para "santo" significa também "separado": "Sede separados como Eu próprio." Por isso, a mistura era péssima coisa – literalmente, uma abominação. (Com efeito, o termo para "mistura", *toevah*, pode ser traduzido por "abominação".) Misturar tais coisas e também aquelas que não podem ser misturadas (culturas, alimentos, roupas e mesmo sexos) é proibido na Bíblia.

É aqui que entra o sexo. Pense numa comunidade – o antigo Israel, digamos – como uma cidade cheia de portas. Se você quisesse evitar que algo de desagradável entrasse, teria de postar guardas em todos os acessos (portas ou janelas, por exemplo). Como fazem quase sempre os povos sedentários, os israelitas comparavam suas comunidades ao corpo humano. Instalavam vigias (suas leis) às portas e janelas (boca e genitais). As complicadas leis registradas no Levítico e no Deuteronômio se preocupam mais com o que entra por nossos orifícios (sexo e alimento) do que com qualquer outra ameaça.

Quando as coisas permanecem separadas, estão no lugar certo. São categorizadas e contidas. Em outras palavras, civilizadas. As coisas fora de lugar, fora de ordem, pertencem à esfera do caos, ao reino da morte: não se pode controlá-las. Manter tudo em seus devidos lugares é uma preocupação constante. As coisas desafiam a categorização. Nunca cabem perfeitamente num estojo de costura. Preservar a ordem exige cuidados atentos e constantes. Por isso, quando algo está deslocado, o que inevitavelmente acontece, chamamo-lo de "impuro". Nada contra terra no jardim; mas terra na roupa ou nas mãos é sujeira. Nada contra a imagem de um pênis numa aula de anatomia; mas imagens de pênis na Internet ou num site pornográfico são "porcaria". As coisas que desafiam a categorização costumam provocar ansiedade e até mesmo raiva. Se você adota esse tipo de raciocínio – que as coisas devem permanecer sempre em seus lugares e que objetos diferentes não devem misturar-se –, então já está pensando como os autores da Bíblia hebraica.

As terríveis advertências contra a mistura de coisas díspares aplicam-se a diversas instâncias, na Bíblia, mas aqui estamos preocu-

O SEXO E A BÍBLIA: POR QUE ISSO LHE INTERESSA   25

pados mesmo é com o sexo. Regulamentar o sexo das pessoas significa garantir que ele esteja sob controle e em seu devido lugar, não misturado da maneira "errada". Um exemplo óbvio seria a bestialidade. Homens não devem fornicar com animais; isso é uma "abominação", ou seja, uma mistura de coisas desencontradas (Levítico 18:23).

Menos notório é o exemplo do homoerotismo masculino. Talvez se pense: "Mas isso não seriam duas coisas semelhantes fazendo sexo?" Não. Eis como pensaram a respeito os autores do Levítico e o apóstolo Paulo: quando dois homens copulam, um penetra e o outro é penetrado. O que penetra é um homem agindo como homem (o parceiro ativo); o que é penetrado é um homem fazendo as vezes de mulher (o parceiro passivo). Portanto, as duas coisas díspares aqui combinadas são os sexos: um macho assume as funções da fêmea no mesmo corpo. Isso, segundo Levítico 20:13, é uma abominação; segundo Paulo, um ato contra a natureza – de novo, confusão e mistura.

Ao fazer sexo com a pessoa errada, o indivíduo pode provocar a ruína da humanidade inteira. Basta abrir uma porta. Regular a sexualidade de cada um assegura a sobrevivência de todos. Hoje não pensamos assim (a maioria, pelo menos), mas a ideia da *unicidade do povo* era o principal quadro de referência para os hebreus.

Detectamos também essa maneira de pensar em algumas das epístolas de Paulo aos primitivos cristãos. Para ele, os cristãos enfrentavam praticamente as mesmas dificuldades que os judeus. Tinham de definir sua identidade com relação aos outros povos e religiões, mantendo ao mesmo tempo a ordem e a unidade no seio de um grupo étnica e socialmente diferenciado.

Paulo via a florescente comunidade cristã como um corpo humano: o corpo de Jesus. Em I Coríntios 6:15-16, implora que as pessoas se considerem membros do corpo de Cristo. Eis uma mudança radical de perspectiva: se você fornicar com uma meretriz, o próprio Jesus é que estará fornicando com ela. Se você possuir sua sogra, o próprio Jesus é que a estará possuindo. Essa deve ter sido uma boa estratégia para manter a comunidade unida e evitar ao mesmo tempo

26 A SEXUALIDADE NA BÍBLIA

a imoralidade sexual. A igreja primitiva também via a atividade sexual entre pessoas certas como um ato redentor. O método de Paulo para preservar o isolamento das comunidades cristãs (portanto, sua santidade) lembra muito o que observamos não apenas na Bíblia hebraica, mas também no panorama helenístico mais amplo: ordenou-lhes que não se misturassem (nada de sexo, nada de casamento com pagãos). Ele e seus contemporâneos helenísticos, não judeus, consideravam – como os autores do Levítico – o homoerotismo, inclusive o feminino, como uma mescla antinatural de coisas díspares.

Os autores dos Evangelhos não parecem dar à ideia de separação o mesmo peso que constatamos nos escritos de Paulo, embora, a meu ver, cultivassem certamente os mesmos pressupostos a respeito de "sujeira", pureza e santidade. Ao contrário dos autores do Levítico e do apóstolo Paulo, a mensagem principal dos evangelistas não era edificar uma comunidade coesa e isolada. O que eles pretendiam era oferecer a cada comunidade um retrato de Jesus que a fortalecesse.

Os evangelistas, sobretudo Mateus, desenvolvem temas mais vastos que usualmente tomamos como indicadores de comportamentos sexuais. Por exemplo, entremeado em boa parte do relato evangélico surpreendemos o conceito de "suprema retidão". Quase todos conhecemos o ensinamento fundamental de Jesus sobre "dar a outra face". No entanto, parece que o ideal de Jesus vai um pouco além da esperada "justiça". Se os costumes preceituam a reciprocidade (quando alguém nos esbofeteia, nós lhe devolvemos o golpe), o cristão deve, ao contrário, responder com uma retidão superior: permitir que o agressor o golpeie de novo com a outra mão. Isso exige uma bofetada com a palma e não com o dorso da mão. O detalhe pode nos parecer irrisório, mas talvez Jesus se referisse a um tipo de reação não violenta que os judeus adotaram em 39 d. C. para protestar contra a instalação da estátua de Calígula no Templo, em Jerusalém. Essa reação permitia que o homem ou a mulher preservasse sua dignidade sem apelar para a violência extrema. Em termos sexuais, Jesus espera muito de nós: como você não pode fazer sexo fora do casamento, nem sequer repare ou pense na pessoa que deseja; se quiser divorciar-

O SEXO E A BÍBLIA: POR QUE ISSO LHE INTERESSA

se porque foi traído, não o faça; se decidir conservar o celibato para Deus, castre-se em nome Dele. São recomendações que poucos de nós acataríamos.

Então que tem a ver conosco, hoje, toda essa separação, santidade e retidão superior? Espero muita coisa deste livro. Espero desmistificar a Bíblia – mostrar que foi em parte escrita para orientar as pessoas sobre o modo de viver o cotidiano, de entender e reverenciar Deus. Ao mesmo tempo, espero encontrar na Bíblia remédios (não causas) para o pudor e o preconceito sexual. Pretendo colocar essas ideias sobre sexo em linguagem simples e abrandar um pouco sua rudeza explicando-as. A Bíblia não é contra o sexo. Aplaude o celibato, mas também nos aconselha a ter filhos aos montes, além de gabar o prazer e o desejo erótico.

Finalmente, espero que o leitor conclua a partir do livro que às vezes as injunções da Bíblia sobre o sexo são boas, mas outras, prejudiciais. O conteúdo da Bíblia não vem em "tamanho único". Na qualidade de leitores modernos e inteligentes, devemos levar em conta o contexto histórico e a visão teológica cultivada por aqueles que escreveram a Bíblia. A visão teológica e o contexto histórico eram bem diferentes dos nossos. Nem sempre podemos nos julgar em perfeita sintonia com os autores bíblicos. Como escreve o apóstolo Paulo, "tudo me é permitido, mas nem tudo tem utilidade para mim". As verdades e lições da Bíblia talvez não sejam aplicáveis a todas as épocas e todas as pessoas. Se estudarmos e captarmos as intenções prováveis dos autores bíblicos, então eles poderão se tornar guias excelentes que nos levarão a entender melhor nossa própria vida sexual e a dos outros. A Bíblia, como escritura sagrada, deve ser um alívio e uma consolação, nunca uma arma.

A função dos eufemismos

Quando explico às pessoas que meu trabalho diz respeito ao sexo na Bíblia, elas geralmente dizem algo assim: "Mas há sexo na Bíblia?" E eu respondo: "Há. E *muito*, para dizer a verdade." Um dos motivos pelos quais pouca gente sabe que há sexo na Bíblia é o fato de ele estar quase sempre disfarçado por eufemismos. O eufemismo sexual pode estar na língua de origem ou ser obra do tradutor. Quando lemos, em Gênesis 4:17, que "Caim conheceu sua mulher e ela concebeu", podemos estar certos de que esse "conheceu" é um eufemismo para "copular". "Conhecer", na Bíblia, é um disfarce comum para o ato sexual.

Em outros casos, vemos que o tradutor moderno foi quem empregou um eufemismo para um termo sexual explícito no texto hebraico ou grego. Por exemplo, Deuteronômio 23:1 contém uma palavra hebraica para "pênis": *shopkah*. A versão inglesa do Rei Jaime a substitui por *"privy member"* (membro íntimo) e a Nova Edição Padrão Revista por *"member"* (membro), enquanto a Nova Edição Padrão Americana usa *"male organ"* (órgão masculino).

Muitas vezes, porém, não fica claro se a palavra é explícita na língua original. Por exemplo, um eufemismo moderno muito comum para "genitais" é "vergonhas". Em Deuteronômio 25:11-12, lemos: "Quando pelejarem dois homens um contra o outro, e a mulher de um deles acorrer para livrar seu marido daquele que o fere, e ela estender sua mão e lhe pegar por seu *mabush*, então cortar-lhe-ás a mão: sem piedade." A palavra hebraica *mabush* não aparece em nenhum outro lugar da Bíblia; apenas nesse versículo. Seu significado literal é "algo que desperta vergonha". Portanto, vertê-la como "partes secretas" (Versão do Rei Jaime) ou "partes íntimas" faz sentido, embora alguns tradutores modernos tenham sido mais explícitos, empregando o termo "genitais". As palavras para "genitais" são sempre um problema delicado na Bíblia. O recato e a compostura muitas vezes exigem o uso de um eufemismo. No entanto, eufemismos costumam depender da época e do lugar. Quando um tradutor da Bíblia prefere "partes secretas" em vez de "testículos", temos de usar a imaginação ou mesmo adivinhar.

A Bíblia usa de vez em quando uma frase que talvez achemos grosseira para descrever algo muito comum. Por exemplo, refere-se aos homens como "aqueles que mijam no muro" (I Samuel 25:22; I

O SEXO E A BÍBLIA: POR QUE ISSO LHE INTERESSA

Reis 14:10). Em alguns casos, a Bíblia emprega termos que sem dúvida eram claros para seus contemporâneos, mas de cujo significado podemos apenas cogitar. Jeremias 3:3, por exemplo, resmunga que "tens a testa de uma prostituta e não sentes vergonha". Em tais situações coço a cabeça e concluo que esses usos idiomáticos se perderam para nós. Só nos resta adivinhar o que o profeta Jeremias queria dizer quando acusou alguém de ter uma testa de puta.

Para iniciar meus comentários sobre a rica coleção de passagens eróticas da Bíblia, darei alguns exemplos específicos de alguns eufemismos sexuais muito comuns – inclusive eufemismos literais, linguísticos, e outros apenas "sugestivos". Os trechos sugestivos fornecem pistas alusivas ao sexo ainda que este não haja sido claramente mencionado. É como num filme em que as personagens acordam juntas na cama: não vimos, mas sabemos o que aconteceu durante a noite. Essa lista de eufemismos não pretende ser exaustiva. Quero mostrar apenas como determinada passagem bíblica fala de sexo e você talvez nunca tenha percebido isso. O eufemismo funciona como uma camuflagem. Os temas eróticos estão por aí; só nos resta distingui-los na paisagem.

Nota sobre a tradução

Meu ponto de partida, um tanto falho, para a tradução de todos os trechos foi a New Revised Standard Version (NRSV) da Bíblia. Embora minhas traduções sigam a NRSV para material de base e versão de frases neutras (por exemplo, descrições de épocas e lugares), enfatizei cada termo que me pareceu importante para a discussão – sobretudo as palavras que sugerem ou disfarçam conteúdos sexuais e aquelas que podem afetar o significado de uma passagem inteira. No caso desses vocábulos-chave, consultei manuscritos hebraicos e gregos, como também dicionários (dependendo do trecho), para descobrir como foram usados na Bíblia e na literatura contemporânea. Em seguida, recorri a estudos linguísticos e a pesquisas atualizadas sobre frases obscuras, polêmicas ou problemáticas. Também comparei variantes textuais (quando havia diversas versões conhecidas de uma mesma passagem) e consultei outras traduções inglesas, principalmente a King James Version (KJV). Por fim, traduzi eu mesma as palavras originais de cada trecho, com base em tudo que lera e, em última instância, com o que achei mais apropriado ao conteúdo da seção inteira. Às vezes, minhas opções de tradução coincidiram com as da NRSV; outras, não.

Por exemplo, na NRSV, Gênesis 34:2 traz: "Tomou-a e deitou-se com ela à força." Na KJV, lemos: "Tomou-a, e deitou-se com ela, e violentou-a." Eis como traduzi essa passagem: "Tomou-a, deitou-se com ela e humilhou-a." O termo crucial da frase é *anah*. A NRSV o traduz como "à força". Embora isso talvez seja uma descrição apropriada do que aconteceu, não é a tradução usual do hebraico *anah*,

NOTA SOBRE A TRADUÇÃO

que aparece na Bíblia pelo menos umas 84 vezes. A KJV prefere "violentou-a", que é também uma alternativa viável, mas introduz a ideia de pureza (desnecessariamente) no trecho. Minha tradução segue o original hebraico o mais literalmente possível. Escolhi "humilhou-a" porque capta o sentimento implícito em *anah*; é consistente com a ideia de vergonha e violência expressa na KJV; e condiz com outras passagens que empregam a palavra para exprimir vergonha e humilhação (ver Gênesis 31:50 e Deuteronômio 21:14).

Casamento e vida familiar

1 Os verbos "entrar" e "penetrar" são os eufemismos mais comuns para "cópula" na Bíblia hebraica. O corpo humano individual simbolizava a comunidade inteira. Os genitais eram as portas e janelas da comunidade. Quando um homem penetra uma mulher, está literalmente entrando nela e figurativamente ingressando na comunidade.

* A linguagem é um trocadilho. Enquanto Hagar se torna mais pesada devido à gravidez, Sara fica, em comparação, mais leve tanto física quanto metaforicamente.

2 "Deitar-se com" é outro eufemismo bastante comum, na Bíblia, para o sexo, lembrando nosso moderno "dormir com". Em vez de dizer que estamos fazendo sexo com alguém, usualmente dizemos que estamos dormindo com essa pessoa.

3 Na medicina à base de ervas, às vezes uma planta afeta a parte do corpo com que mais se parece. A mandrágora lembra um pênis ereto e era usada como droga afrodisíaca e promotora da fertilidade. Assim, em várias passagens, a menção da mandrágora ou da romã (que tem a forma da vagina e do útero) pode sugerir que há mais sexo ali do que se supõe.

Eufemismos para o sexo e os genitais

Entrar

E ele entrou[1] em Hagar e ela concebeu; e vendo ela que concebera, sua senhora tornou-se leve aos seus olhos.

GÊNESIS 16:4

Então disse Judá a Onã: "Entra na mulher de teu irmão e cumpre para com ela o dever de cunhado, dando descendência a teu irmão."

GÊNESIS 38:8

Deitar-se com

Vem, demos de beber vinho a nosso pai e deitemo-nos com[2] ele para que em vida conservemos a semente paterna.

GÊNESIS 19:32

E ela lhe disse: "Não basta que hajas tomado o meu marido, tomarás também as mandrágoras do meu filho?" Então disse Raquel: "Por isso se deitará contigo esta noite, pelas mandrágoras do teu filho."[3]

GÊNESIS 30:15

36 A Sexualidade na Bíblia

4 Esta seção do Levítico traz todas as leis sobre o incesto. Em vez de dizer "não faças sexo com tua mãe", recorre-se ao eufemismo "não descubras os genitais [expressão traduzida também como "não descubras a nudez"] de tua mãe".

5 Quando pensamos na história de Rute e Boaz, imaginamos um amor profundo e suave, a história romântica de um homem mais velho, belo e rico que toma a seu cargo a bela e leal Rute. Todavia, os contatos sexuais naquela época costumavam ser o que poderíamos chamar de "rápidos e sujos". Quase sempre homem e mulher continuavam vestidos. Ele levantava a túnica e cobria-a com o manto.

6 Rute procura pelo parente mais próximo do marido morto. Era o levirato (ver Gênesis 38), costume graças ao qual ela poderia produzir um herdeiro legítimo.

7 "Na idade do amor" significa provavelmente puberdade – ela tem por volta de 12 ou 13 anos.

8 Essa é uma das seções em Ezequiel onde Deus é o marido e Jerusalém, a esposa. Aqui, o erotismo é particularmente intenso. O acordo se faz, em parte, pelo ato sexual. Para que Israel e Deus fizessem um acordo e se casassem, era necessário esse ato. "Cobrir a nudez" é outro eufemismo para sexo e genitais.

9 Deus "entrou" na mulher Jerusalém e, com isso, eles assinaram um acordo. O acordo, como em todos os casamentos, tem de ser consumado. E após a consumação o noivo toma posse da noiva.

10 Provavelmente os servos se lembrem de seu rei como o homem que desejou Betsabá, o jovem que foi amado por Jônatas e o rei que teve inúmeras esposas. Seja como for, eles acham que uma virgem jovem e bela é tudo de que o rei necessita para aquecer-se.

Descobrir os genitais/nudez

Não descubras os genitais de teu pai nem os genitais de tua mãe: ela é tua mãe; não lhe exponhas os genitais.[4]

LEVÍTICO 18:7

Estender o manto/cobrir

Ele disse: "Quem és tu?" E ela respondeu: "Sou Rute, tua serva; estende o manto sobre tua serva,[5] pois és o parente mais próximo."[6]

RUTE 3:9

E passando eu por ti, vi-te, e eis que a tua idade era a idade do amor;[7] e estendi sobre ti a aba de meu manto e cobri tua nudez.[8] E dei-te juramento, e entrei em acordo contigo, diz o Senhor Deus, e tu ficaste sendo minha.[9]

EZEQUIEL 16:8

Conhecer

Sendo, pois, o rei Davi já velho e doente, cobriam-no com vestes, mas ele não conseguia se aquecer. Então seus servos disseram: "Busquem para o rei meu senhor uma moça virgem,[10] que se poste perante o rei e cuide dele. Dormirá no seu regaço para que o rei meu senhor se aqueça." E procuraram por todo o território de Israel, e encontraram

(continua na p. 39)

11 Poder-se-ia pensar que no harém de Davi os servos encontrariam quem despertasse a fantasia do rei. Talvez o trecho seja uma censura às mulheres de Israel: não havia virgens entre elas e os servos precisaram ir atrás de uma moça estrangeira.

12 Infelizmente, o plano não deu certo. O rei Davi não é mais o garanhão de antes. Não consegue, pura e simplesmente, praticar o ato sexual ou então perdeu todo o interesse.

13 Coxa e pé são muitas vezes eufemismos para "genitais" no mundo antigo. Há vários exemplos na Bíblia de um homem que confirma seu juramento colocando a mão sob os genitais de outro. Isso faz sentido se considerarmos o poder e o respeito que o pênis e os testículos de um homem respeitado e poderoso costumam produzir. Esses órgãos são a fonte de todo o seu prestígio: as futuras gerações, a continuidade de seu valor. A pessoa jura por aquilo que lhe é mais sagrado. Nos tribunais americanos, juramos sobre a Bíblia. Alguns heróis do cinema juram sobre o túmulo do pai. Abraão achava que o objeto mais sagrado eram seus genitais.

14 Abraão era categórico ao exigir que Isaque, seu filho, não desposasse uma mulher estrangeira. Enviou um mensageiro a Harã, para que Isaque se casasse com alguém da família. Com isso, pretendia talvez preservar a linha de sucessão.

15 Israel (novo nome de Jacó) pede ao filho José que faça um juramento. À semelhança do que Abraão determinara em Gênesis 24:2-3, manda que José ponha a mão sob seus testículos ou pênis. Para nós, hoje, esse seria um episódio inimaginável entre pai e filho. Já o filho de Salomão, Roboão, ironiza o pequeno tamanho do pênis do pai (I Reis 12:10).

16 Assim como Abraão não quer que Isaque despose uma estrangeira, Jacó (Israel) também não quer ser sepultado em terra estranha. O costume fora estabelecido pelos ancestrais: fiquem longe de estrangeiros na vida e na morte.

(continuação da p. 37)

Abisague, a sunamita, e trouxeram-na ao rei[11]. E era moça mui formosa. Cuidou do rei e serviu-o, porém o rei não a conheceu.[12]

I Reis 1:1-4

Pés e coxas para "genitais"

E disse Abraão ao seu servo, o mais velho da casa, que tinha o governo sobre tudo o que possuía: "Põe agora a tua mão debaixo da minha coxa para que eu te faça jurar pelo Senhor Deus dos céus e Deus da terra,[13] que não tomarás para meu filho mulher das filhas dos cananeus no meio dos quais eu habito."[14]

Gênesis 24:2-3

Chegando, pois, o tempo da morte de Israel, chamou a José, seu filho, e disse-lhe: "Se encontrei graça a teus olhos, rogo que ponhas a tua mão debaixo da minha coxa e sejas para comigo leal e verdadeiro.[15] Rogo-te que não me enterres no Egito."[16]

Gênesis 47:29

(continuação da p. 41)

40 A SEXUALIDADE NA BÍBLIA

17 A conselho de Naomi (sua sogra), Rute se enfeita, se perfuma e vai para a eira, onde fica escondida à espera de Boaz. Deliberadamente, aguarda que ele coma e beba até se embriagar um pouco.

18 Sai do esconderijo e furtivamente descobre os "pés". A estudiosa da Bíblia Amy-Jill Levine insiste que foi ali mesmo que Rute seduziu Boaz. Ela fica na sombra até o momento certo, aproxima-se quando ele está reclinado e meio bêbado, expõe os genitais, deita-se de costas e espera-o.

19 Eis um eufemismo estranho e raro que nunca ficou bem claro para os tradutores. Alguns interpretam "cobrir os pés" como "urinar", outros acham que se trata de masturbação, defecação ou cópula.

Eufemismos para o sexo e os genitais

(continuação da p. 39)

Depois que Boaz comeu e bebeu, e estando de coração alegre, foi deitar-se ao pé de uma meda;[17] então veio ela de mansinho e lhe descobriu os pés, e se deitou.[18]

RUTE 3:7

Depois que ele se foi, apareceram os servos e viram que as portas do cenáculo estavam fechadas; e disseram: "Sem dúvida está cobrindo os seus pés na recâmara do cenáculo fresco."[19]

JUÍZES 3:24

42 A SEXUALIDADE NA BÍBLIA

* O título desta seção está entre aspas porque não há namoros na Bíblia. Os pais combinavam o casamento dos filhos; não vemos nenhum traço de rituais de corte na Bíblia. Isso ainda acontece até nos Estados Unidos. Há uma bela descrição do amor, do noivado e do casamento no romance de Khaled Hosseini, *The Kite Runner*. O protagonista, Amir, vê uma mulher e se apaixona; pede ao pai que lhe arranje o casamento com o pai da jovem. Depois de um período conveniente de noivado, eles se casam e se beijam pela primeira vez.

1 Abraão envia à Mesopotâmia (Harã) um servo encarregado de encontrar esposa para seu filho Isaque – não quer que ele se case com uma cananéia. Em geral os casamentos eram arranjados entre parentes, mas como Abraão vivia em terra estranha, apenas com a família imediata e a criadagem, precisou mandar o servo atrás de uma esposa para Isaque.

2 Um bom lugar para encontrar garotas no mundo antigo era o poço. A Bíblia diz que todas as jovens (solteiras, sem dúvida) iam lá diariamente, por volta do meio-dia, a fim de buscar água. Se você fosse um rapaz à cata de uma garota para casar, correria para o poço (equivalente ao nosso moderno *single bar*) para pegar uma.

* Quem quer achar o parceiro certo, vai aonde eles estão.

"Namoro"

Eis-me aqui de pé junto à fonte, e as filhas dos varões desta cidade saem para buscar água.[1] Seja, pois, que a donzela a quem eu disser: "Abaixa agora o teu cântaro para que eu beba", e ela responder: "Bebe, e também darei de beber aos teus camelos", seja esta aquela a quem designaste a teu servo Isaque, e que eu conheça nisso que fizeste beneficência a meu senhor.[2]

GÊNESIS 24:13-14

44   A SEXUALIDADE NA BÍBLIA

3 De novo, o exemplo de um jovem que encontra seu amor junto ao poço. Nesse caso, os pastores estão todos reunidos ali, para dar água às suas ovelhas.

4 A menção a Harã, Labão e um poço deve recordar aos leitores que Rebeca, esposa de Isaque, foi encontrada junto a uma fonte. Labão é o irmão de Rebeca. Talvez se trate até do mesmo poço. Mais tarde, nós o veremos citado de novo como o "poço de Jacó".

5 É aqui que Jacó encontra o amor de sua vida, Raquel. Nós, leitores, já devíamos esperar por isso. As imagens do poço e da água sugerem fertilidade abundante; e sabemos, por Gênesis 24:13, que o poço é o local onde os homens conhecem suas futuras esposas.

6 Parece estranho que Raquel se ocupe de ovelhas, especialmente por ser uma moça no meio de pastores. Pode-se deduzir daí que ela não tem irmãos ou que estes estão fazendo coisas mais importantes. Dar água às ovelhas não era tarefa difícil, mas é esquisito que Raquel, então com idade entre 10 e 15 anos (não sabemos ao certo), se encarregasse disso. Suspeito que ela tenha sido mandada ao poço com a única e exclusiva finalidade de achar marido. Assim, ficando noiva ainda menina, poderia casar-se logo que atingisse a puberdade.

7 Caso você não se lembre, embora isso já tenha sido mencionado três vezes, Raquel é filha do irmão da mãe de Jacó, Labão – um detalhe muito importante. Serve, principalmente, para nos lembrar que esse é o local onde Rebeca foi descoberta para Isaque, mas também para deixar claro que Raquel pertence à família de Abraão.

8 Jacó, numa exibição de grande força, remove a pedra que tampa o poço e dá água às ovelhas de Labão. Essa pode ser uma imagem erótica, que antecipa as futuras proezas sexuais de Jacó. Ele, simbolicamente, remove todas as barreiras ao "poço" (Raquel) de Labão e mais tarde consegue dar água (sêmen) a seu rebanho inteiro (Léia, Raquel, Bilha e Zilpa) (Gênesis 30-31).

Olhou e viu um poço no campo, tendo estendidos ao lado três rebanhos; pois daquele poço lhes davam de beber. E sobre a boca do poço havia uma grande pedra.[3] E ajuntavam-se ali todos os rebanhos, e removiam a pedra de sobre a boca do poço, e davam de beber às ovelhas; e tornavam a pôr a pedra sobre a boca do poço, no seu lugar. E disse-lhes Jacó: "Meus irmãos, donde sois?" E eles responderam: "Somos de Harã." E ele lhes disse: "Conheceis a Labão, filho de Naor?"[4] E responderam: "Conhecemos." E disse-lhes mais Jacó: "Está ele bem?" E disseram: "Está bem, e eis aqui Raquel, sua filha, que vem com as ovelhas."[5] ... Estando Jacó ainda falando com eles, veio Raquel com as ovelhas de seu pai, porque ela era pastora.[6] E aconteceu que, vendo Jacó a Raquel, filha de Labão, irmão de sua mãe, e as ovelhas de Labão, irmão de sua mãe,[7] aproximou-se e removeu a pedra de sobre a boca do poço e deu de beber às ovelhas de Labão, irmão de sua mãe.[8]

Gênesis 29:2-6, 9-10

46   A Sexualidade na Bíblia

9 Moisés não vai ao poço para encontrar uma mulher, como o servo de Abraão, mas...

10 ...Moisés, como Isaque e Jacó, encontra sua mulher junto a um poço. Esse poço, como seu ponto de encontro, faz sentido porque aparentemente não havia nenhum outro local onde alguém poderia se avistar com uma mulher que não fosse parente ou serva. A passagem é também um bom exemplo de como o casamento, em várias instâncias da Bíblia, lembra mais uma transação política ou comercial do que uma instituição religiosa ou romântica.

* Não há, na Bíblia, nenhum exemplo de casamento como rito sagrado. O "sacramento do matrimônio" é um conceito religioso muito recente que, às vezes, proíbe a união de certos grupos (pessoas de raças e etnias diferentes, pessoas do mesmo sexo, etc.).

11 Cerca de meio-dia no poço de Jacó: se você fosse contemporâneo de João, afiaria os ouvidos. Sabe, pelas Escrituras, que os homens encontravam as mulheres junto a um poço sobretudo por volta do meio-dia, como conta o Gênesis, hora em que as mocinhas apareciam para buscar água. A sutileza da introdução a essa história faz o leitor familiarizado com a Bíblia hebraica esperar uma interação com uma mulher – e isso de fato acontece. O autor não sugere que Jesus e a Samaritana tinham intenção de se casar. Ao contrário, esse é um recurso narrativo para induzir o leitor a pensar que uma coisa vai acontecer e depois surpreendê-lo invertendo os acontecimentos. Talvez a própria mulher imagine que Jesus está à cata de amores. Mas ele a surpreende falando em "água viva", imagem erótica reformulada por João no contexto do amor espiritual, não físico.

* Não há nada de errado em ir a um lugar onde se tem mais chances de encontrar parceiro (*single bars*, boliches, igrejas, eventos esportivos). Nós, hoje, temos a sorte de contar com o namoro pela Internet: não precisamos ir longe, como Jacó, para encontrar parceiro; não precisamos nos sentar à beira de um poço, sob o sol do meio-dia; e não precisamos obter a permissão de nosso pai. Por outro lado, o contato pessoal, o amor repentino e a aprovação paterna são experiências valiosas.

E ouvindo Faraó esse caso, procurou matar a Moisés; mas Moisés fugiu de diante da face de Faraó e habitou na terra de Midiã, e assentou-se junto a um poço.[9] E o sacerdote de Midiã tinha sete filhas, as quais vieram a tirar água, e encheram as pias para dar de beber ao rebanho de seu pai. Então vieram os pastores e expulsaram-nas dali; Moisés, porém, levantou-se e defendeu-as, e abeberou-lhes o rebanho. E vindo elas a Reuel, seu pai, ele disse: "Por que tornastes hoje tão depressa?" E elas responderam: "Um homem egípcio nos livrou da mão dos pastores, e também nos tirou água em abundância, e abeberou o rebanho." E disse ele às suas filhas: "E onde está esse homem? Por que o deixastes lá? Chamai-o para que coma pão." E Moisés consentiu em morar com aquele homem; e ele deu a Moisés sua filha Zípora.[10]

ÊXODO 2:15-21

Foi, pois [Jesus], a uma cidade da Samaria chamada Sicar, junto da herdade que Jacó tinha dado a seu filho José. E estava ali a fonte de Jacó. Jesus, cansado de andanças, sentou-se junto à fonte. E era quase meio-dia.[11]

JOÃO 4:5-6

1 A frase hebraica aqui é curiosa: está no plural. De fato, toda referência a Deus no primeiro relato bíblico da criação do mundo vem no plural (Deuses, nós, nos). No entanto, os verbos correspondentes aparecem no masculino plural, indicando que *Elohim* (literalmente "Deuses"), pelo contexto, é singular.

2 Os seres humanos recebem a ordem divina de fazer sexo entre si. Deus manda às primeiras criaturas humanas que copulem, e copulem muito, para gerar montes de bebês.

3 Essa tradução não lembra em nada a que você está acostumado a ler na Bíblia. Todavia, segui o texto hebraico ao pé da letra. A implicação aqui é muito ampla: Deus cria o *adam* – literalmente, "a coisa andrógina" – da terra vermelha e conclui não ser bom que ele fique sozinho.

4 A leitura tradicional da criação de Eva é que ela é a serviçal de Adão ou uma tentativa de aperfeiçoá-lo. Segundo uma interpretação mais aceitável, dois é melhor do que um. Recomenda-se o casamento e a família. E, dado que Eva é mulher, aconselha-se ter filhos.

5 Nessa passagem, faz-se pela primeira vez a distinção dos sexos na Bíblia. No começo existe apenas o *adam* (o andrógino tirado da terra). Deus tira a mulher (*isha*) do *adam* e então o *adam* se torna um macho (*ish*).

6 Agora que os sexos estão separados, o destino do homem é abandonar pai e mãe para se tornar uma só carne (de novo) com a mulher. Não há a ordem para gerar filhos, apenas a recomendação para que homens e mulheres façam sexo. Concluímos, pois, que o sexo é bom, uma obrigação nossa e não uma coisa suja.

* Se não é bom que o *adam* fique só, e se ao que se supõe ele vai encontrar sua parceira ideal, então talvez hoje deva ser permitido a todo indivíduo procurar o parceiro ou a parceira que melhor lhe convier.

Casamento

E o Senhor[1] os abençoou e lhes disse: "Frutificai e multiplicai-vos,[2] e enchei a terra, e sujeitai-a; e dominai sobre os peixes do mar, e sobre as aves dos céus, e sobre todo animal que se move sobre a terra."

GÊNESIS 1:28

Então disse o Senhor: "Não é bom que a coisa tirada da terra fique só;[3] farei para ela uma serviçal."[4]

GÊNESIS 2:18

Deixará o homem[5] pai e mãe, e apegar-se-á à sua mulher,[6] e serão os dois uma só carne.

GÊNESIS 2:24

50 A SEXUALIDADE NA BÍBLIA

7 O riso de Sara, aqui, é um jogo de palavras. Deus pergunta por que ela se ri ao ouvir que logo ficará grávida. E em seguida manda que chame ao seu filho Isaque ("riso", em hebraico).

8 Sara acha que ser sexualmente ativa e fértil é o mesmo que sentir prazer, mesmo sendo já uma senhora casada e idosa.

9 I Timóteo 3:2 constitui excelente exemplo da importância, para a igreja primitiva, de um casamento estável, pois isso daria estabilidade também à igreja. O bispo deve ser casado. O autor da epístola acredita que o matrimô-nio monógamo é o que distingue a ortodoxia (os que cultivam a "doutrina certa") dos ensinamentos cristãos "heréticos" e das atitudes sexuais da so-ciedade romana como um todo, a qual tolerava, por exemplo, relações ho-mossexuais e extraconjugais. Para algumas tradições cristãs, esse versículo significa que o homem divorciado ou casado segunda vez não é apto para o ministério.

* Nunca enfatizaremos suficientemente o valor da vida familiar estável. Os primitivos cristãos baseavam a estrutura da família ideal (marido, es-posa, filhos) num modelo que os distinguia da cultura romana onipresen-te. Em algumas famílias romanas, os varões da elite tinham amantes de ambos os sexos. Hoje, sabemos que famílias amorosas podem ser de vários tipos. Ter pai e mãe bons e afetuosos é sem dúvida o melhor cenário, mas nem sempre as coisas são assim. Às vezes, aos olhos da criança, a presença em casa de um pai e uma mãe simplesmente para ter uma "família nu-clear" ou dar a aparência de uma "família normal" pode ser a pior coisa que lhe aconteça. Algumas das melhores e mais dedicadas famílias que conheço não se parecem em nada com a descrita em I Timóteo.

(continua na p. 52)

CASAMENTO

Então Sara riu-se[7] consigo mesma, dizendo: "Terei ainda prazer depois de haver envelhecido, sendo também o meu senhor já velho?"[8]

GÊNESIS 18:12

Convém, pois, que o bispo seja irrepreensível, marido de uma mulher só, vigilante, sóbrio, honesto, hospitaleiro, apto para ensinar.[9]

I TIMÓTEO 3:2

52 A Sexualidade na Bíblia

(continuação da p. 50)

* As epístolas católicas do Novo Testamento (isto é, as cartas escritas depois da época de Paulo à igreja universal [católica]) tentam, como o próprio Paulo, unificar os cristãos. Entretanto, o enfoque se ampliou no sentido de traçar limites, dentro das comunidades cristãs, entre o "verdadeiro" cristianismo e as doutrinas "heréticas". Os ensinamentos das epístolas deuteropaulinas (atribuídas a Paulo, mas escritas provavelmente por seguidores após sua morte) estabelecem um padrão duradouro para uma igreja que tentava se impor no Império Romano. A hierarquia na comunidade é um tópico de destaque nessas epístolas; a pedra angular de uma comunidade forte é um casamento sólido, uma vida familiar tranquila. Os autores redigem manuais de instrução para o cotidiano, mas, ao mesmo tempo, procuram combater as doutrinas "heréticas" sobre o celibato e outras formas de ascetismo, praticadas por grupos cristãos rivais. O casamento surge como uma questão capital. De um lado, Paulo escrevera que o matrimônio nunca seria sua primeira escolha (preferia o celibato). De outro, os cristãos acusados de "hereges" também pregam em favor do celibato e contra o casamento. O autor de I Timóteo incentiva o matrimônio como um dos fundamentos do cristianismo e repele o celibato, que seria coisa de Satanás. Não creio que Paulo aprovasse essa postura.

10 O autor de I Timóteo começa advertindo que alguns cristãos podem ser afastados de sua fé pelos ensinamentos demoníacos, ou seja, aqueles que diferem das crenças do autor.

11 Essas lições demoníacas incluem a proibição do matrimônio (incentivando, portanto, o celibato) e a abstenção de certos alimentos. Jesus, pelo que sei, nunca se casou e seus discípulos ou eram solteiros ou abandonaram suas famílias, mas ainda assim os fundadores da igreja primitiva insistiam em que o matrimônio era o alicerce do verdadeiro cristianismo. Provavelmente, essa injunção respondia mais ao conformismo cultural que à iluminação espiritual.

* Em geral, Paulo é um bom modelo a seguir: o casamento não é para qualquer um e ninguém deve casar só por casar.

Mas o Espírito diz expressamente que nos últimos tempos alguns negarão sua fé dando ouvidos a espíritos enganadores e a doutrinas de demônios.[10] Pela hipocrisia de homens que falam mentiras e que tiveram cauterizada sua própria consciência, proibindo o casamento e ordenando a abstinência dos manjares que Deus criou para serem aceitos com ações de graças pelos conhecedores da verdade.[11]

I TIMÓTEO 4:1-3

12 O autor dessa epístola recomenda que uma mulher se case, mesmo em segundas núpcias (presumimos que seu marido morreu, deixando-a sem filhos) e administre a casa. Deve, pois, agir de tal maneira a não atrair a atenção, a censura e o desdém das pessoas fora da comunidade cristã. A passagem sugere que administrar a casa era coisa normal para a mulher no mundo greco-romano do século II d. C. e, talvez, algo que outros grupos cristãos não praticavam. Longe de presumir que as mulheres desempenhassem papéis menores nas igrejas ditas "heréticas", penso que essas outras formas de cristianismo propiciavam a elas uma função mais importante na esfera pública, inclusive no culto, sem relegar sua atividade ao espaço doméstico. A primitiva ortodoxia da igreja procurou estabelecer um modelo – no qual as mulheres se casassem, dessem herdeiros aos maridos, se comportassem corretamente e governassem o lar – que contrastava diretamente com o dos grupos "heréticos", onde as mulheres podiam pregar, profetizar, permanecer solteiras, não ter filhos e escapar ao confinamento doméstico. Portanto, de algum modo, o matrimônio era um símbolo da legitimidade social da fé cristã. Ser solteiro significaria, pois, não ser um bom cristão.

13 Não se casar nem ter filhos era indício de heresia religiosa e desvio social. Ainda hoje, a sociedade julga e pressiona homens e mulheres que preferiram essa condição. Embora, nesse ponto, as mulheres gozem de muito maior liberdade que no início do século XX, as pessoas continuam suspeitosas daquelas que não levam uma vida social "normal". O homem ou a mulher que antepõe a carreira à família está sempre brigando em casa nas reuniões de fim de semana.

* As epístolas não dão muito apoio a homens e mulheres que optaram pelo celibato. Os melhores exemplos estão nos Evangelhos, onde Jesus e seus discípulos (de ambos os sexos) se preocupam mais com sua missão do que com a família. Há desses exemplos também nas cartas de Paulo, que preferiu a vida de solteiro (e perseverou nessa decisão por toda a vida, segundo parece) à de casado.

Portanto, quero que as viúvas jovens se casem, tenham filhos e governem o lar,[12] sem oferecer a estranhos ocasião de as maldizer.[13]

I Timóteo 5:14

56   A SEXUALIDADE NA BÍBLIA

1 Não há, em hebraico, termos exclusivos para "marido", "esposa" ou "matrimônio" – apenas *ish* (homem) e *isha* (mulher). Depois que o homem toma a mulher por esposa, torna-se seu *ba'al* ou dono. É essa a palavra traduzida como "marido" na Bíblia hebraica.

2 Para se separar da esposa, o homem só precisava "não achar graça em seus olhos" ou acusá-la de "impudicícia". A palavra hebraica, aqui, sugere algum tipo de comportamento sexual, mas não constitui acusação direta de adultério. É mais vaga e inclui, por exemplo, o exibicionismo ou talvez a garridice. Parece que era muito fácil divorciar-se, embora não o saibamos ao certo.

3 Essa é, provavelmente, uma situação hipotética. Muitas leis talvez descrevam fatos que nunca ocorreram. Eram do tipo "e se", que serviam tanto para prevenir transgressões quanto para assegurar, a todos, o conhecimento dos alicerces da "boa" comunidade.

4 O ponto capital dessa passagem é que, se um homem se divorciar de uma mulher, não poderá se casar de novo com ela. Talvez a lei pretendesse evitar divórcios impulsivos.

5 Um possível motivo que impede o homem de se casar novamente com a mulher da qual se divorciou parece-nos hoje irrelevante. Muitas das Leis Mosaicas prescrevem que o povo hebreu fique isolado de outras culturas e tudo faça para preservar a terra que Deus lhe deu. Por isso, ninguém deve se arriscar a ter herdeiros bastardos ou de paternidade duvidosa. Quando as linhas claras de sucessão se interrompem, a terra e sua propriedade ficam ameaçadas. A mulher se misturou com mais de um homem e tornou-se, portanto, "suja". Se engravidar depois de fazer sexo com dois homens em três ocasiões diferentes (primeiro marido, segundo marido e terceiro marido de novo), a linha sucessória se confunde e a terra se torna vulnerável.

Divórcio

Quando um homem tomar uma mulher e se casar com ela,[1] então será que, se não achar graça em seus olhos, por nela constatar impudicícia,[2] ele lhe fará escrito de repúdio e lho dará na sua mão, e a despedirá de sua casa. Se, pois, saindo de sua casa, for e se casar com outro homem, e se este último senhor desgostar dela e lhe fizer escrito de repúdio, e lho der na sua mão, e a despedir da sua casa,[3] ou se este último homem, que a tomou para si por mulher, vier a morrer, então seu primeiro marido, que a despediu, não poderá tornar a tomá-la para que seja sua mulher,[4] depois que ficou suja. Pois é abominação perante o Senhor e assim não trarás culpa sobre a terra que o Senhor teu Deus te dá por herança.[5]

DEUTERONÔMIO 24:1-4

58 A SEXUALIDADE NA BÍBLIA

6 Nessa fase de seu ministério, Jesus é considerado um grande curador e um grande mestre. Mateus nos conta que multidões o seguiram da Galileia à Judeia, transpondo o Jordão, numa caminhada de mais ou menos 120 km.

7 Os fariseus puseram Jesus à prova. Não por antagonismo, mas por um costume rabínico dos mais legítimos: apresente um problema conhecido, cite as Escrituras, alegue normas consagradas. A pergunta é: por qual motivo pode a mulher ser liberada de seu contrato de matrimônio?

8 Jesus faz o que qualquer bom rabino faria: cita as Escrituras e acrescenta sua própria regra, segundo a qual o que Deus uniu o homem não deve separar. Mas, e quanto à regra de Moisés em Deuteronômio 24:1, segundo a qual o homem pode se divorciar da mulher caso suspeite nela alguma "impudicícia"? Jesus replica com uma norma radical: o contrato de casamento é ratificado por Deus e não pode ser dissolvido por nenhum motivo a não ser má conduta sexual. Conforme a explicação de Mateus, Moisés permitiu o divórcio apenas porque as pessoas, na época, não estavam ainda preparadas para o tipo de amor e perdão duradouros que Jesus estava ensinando. No mundo ideal do reino de Deus, o casamento é para sempre.

9 Os discípulos perguntam a Jesus se o matrimônio é mesmo conveniente para o homem. Ele pondera que nem todos são capazes de viver a vida como se deve vivê-la no reino dos céus. A lei fornece um meio de agirmos o mais de acordo possível com os ensinamentos de Jesus, quando não conseguimos atender na íntegra às exigências do reino.

10 Jesus escolhe o exemplo dos eunucos porque esse é um estado permanente (ao contrário do celibato ascético). Ele se refere às pessoas que sacrificam de uma vez por todas a cópula procriadora – uma maneira radical de viver o reino que só está ao alcance de poucos. Quer você escolha o casamento ou a abstinência sexual, essa opção deve ser definitiva. Não se pode tergiversar no reino dos céus.

DIVÓRCIO

E aconteceu que, concluindo Jesus esses discursos, saiu da Galileia e dirigiu-se aos confins da Judeia, além do Jordão. E seguiram-no muitas gentes, a quem ali curou.[6] Então se aproximaram dele os fariseus, tentando-o e dizendo-lhe: "É lícito ao homem repudiar sua mulher por qualquer motivo?"[7] Mas ele respondeu: "Não tendes lido que aquele que os fez no princípio fê-los macho e fêmea, dizendo 'Portanto deixará o homem pai e mãe, e se unirá a sua mulher, e serão os dois uma só carne'? Assim não são mais dois, mas uma carne só. Portanto, o que Deus ajuntou não o separe o homem." Disseram-lhe eles: "Então por que mandou Moisés dar-lhe carta de divórcio e repudiá-la?"[7] E Jesus respondeu: "Moisés, por causa da dureza dos vossos corações, vos permitiu repudiar vossas mulheres; mas ao princípio não foi assim. Eu vos digo, porém, que qualquer que repudiar sua mulher, não sendo por causa de prostituição, e casar com outra, comete adultério."[8] Disseram-lhe seus discípulos: "Se tal é a condição do homem relativamente à mulher, não convém casar." Ele, porém, lhes disse: "Nem todos podem receber esta palavra, mas só aqueles a quem ela foi dada.[9] Porque há eunucos que assim nasceram do ventre da mãe, há eunucos que foram castrados pelos homens e há eunucos que a si mesmos se castraram por causa do reino dos céus. Quem puder receber isso, receba-o."[10]

MATEUS 19:1-12

60 A Sexualidade na Bíblia

11 Marcos não fala em curas aqui, como Mateus. Isso significa que, no caso, importantes mesmo são as palavras de Jesus – não seus atos.

12 No texto de Mateus, escrito provavelmente depois do de Marcos e com base nele, Jesus cita primeiro as ações de Deus no Gênesis e depois a lei de Moisés. Em Marcos, ele começa invocando a Torá e esclarece o ponto mencionando o ato da criação. De novo, o recurso de Jesus à Torá está de acordo com as escolas rabínicas de pensamento.

* Marcos não inclui a lição radical sobre os eunucos, mas sua declaração de que o casamento é para sempre, não importa o que aconteça, também nos parece chocante. É sobre esse ponto que os discípulos questionam Jesus mais tarde. E Jesus reafirma que o acordo é definitivo – não há como fugir a isso. Mateus acrescenta o exemplo do eunuco: nenhuma chance de voltar atrás! O autor do texto atribuído a Mateus apresenta uma única exceção, a do excesso sexual (*pornéia*), pois não aceita plenamente, ou não acha necessária, a visão radical de Jesus sobre o reino dos céus. No entender de Marcos, era iminente a transformação do mundo e o divórcio, questão insignificante, não devia preocupar quem esperava a volta de Jesus a qualquer momento. Para Mateus, um modelo mais realista de casamento, celebrado para durar muito tempo, deve incluir uma saída no caso de imoralidade sexual (*pornéia*). A lição de Jesus sobre o divórcio é simples, embora possamos pensar que seja praticamente inviável. Deus exige de nós um preço muito elevado: se você se casar, é para sempre.

E, levantando-se dali, foi para os confins da Judeia, além do Jordão, e a multidão se reuniu em torno dele; e tornou a ensiná-los, como tinha por costume.[11] E, aproximando-se dele os fariseus, perguntaram-lhe, tentando-o: "É lícito ao homem repudiar sua mulher?" Mas ele, respondendo, disse-lhes: "Que vos ordenou Moisés?" E eles disseram: "Moisés permitiu escrever carta de divórcio e repudiar." E Jesus, respondendo, disse-lhes: "Pela dureza de vossos corações vos deixou ele escrito esse mandamento. Porém, desde o princípio da criação, Deus os fez macho e fêmea. Por isso deixará o homem a seu pai e a sua mãe, e unir-se-á a sua mulher. E serão os dois uma só carne. Assim, já não serão dois, mas uma carne só. Portanto, o que Deus uniu não o separe o homem."[12]

MARCOS 10:1-9

62 A SEXUALIDADE NA BÍBLIA

* No mundo antigo, as mulheres e sua sexualidade eram bens; pelo menos, é assim que a Bíblia as considera. O adultério constitui ofensa contra a propriedade: roubo se a mulher é mais velha, roubo acrescido de dano patrimonial se a mulher é virgem. Hoje, achamos muito difícil pensar dessa maneira. Na Bíblia, a esposa faz parte da honra do marido, que está sempre ligada às suas posses. A mulher adúltera envergonha seu proprietário e a si mesma. Embora a atitude com respeito ao significado do adultério e ao dano que ele provoca fosse bem diferente na Bíblia, ainda hoje isso é coisa que frequentemente causa enorme confusão. O adultério continua sendo uma das causas incontestes de divórcio em nossas leis. Mas para nós não constitui crime contra a propriedade (embora teoricamente possa sê-lo) e sim traição, quebra de promessa e sinal claro de que o amor acabou. Um acontecimento triste. Embora as Escrituras reflitam uma visão de mundo totalmente diversa e uma cultura radicalmente estranha, ainda há sabedoria em algumas de suas palavras.

1 O narrador não parece nada satisfeito com Davi, quer como rei, quer como homem de Deus. É primavera e Davi não está onde deveria estar: na frente de batalha.

2 Davi acorda no fim da tarde e vai passear no terraço do palácio, de onde avista uma bela mulher se banhando. Em resposta à pergunta de Davi sobre quem é ela, a mulher é identificada à maneira típica do antigo Israel: pelo pai e pelo marido. Essa informação é duplamente importante para o leitor: pelo pai sabemos que não é israelita, pelo marido sabemos que é propriedade de outro homem. Davi manda que a tragam à sua presença. Talvez suponha que, na qualidade de rei, tem pleno acesso a todas as propriedades em Jerusalém.

3 Betsabá surge acompanhada pelos emissários. Não tem escolha, penso eu. O rei manda seus "associados" trazer uma coisa que ele deseja; talvez fiquem esperando até que ela se prepare; não é provável que a ordem do rei seja um simples convite, que preveja resposta (embora ela talvez haja obedecido de boa vontade). Davi faz sexo com Betsabá e depois a manda de volta. Não se fala em amor, romance ou expectativa de novos encontros.

Quando o marido trai a esposa

Se um homem comete adultério com a mulher de seu vizinho, adúltero e adúltera devem morrer.

LEVÍTICO 20:10

Não cometerás adultério.

ÊXODO 20:14

Nem cometerás adultério.

DEUTERONÔMIO 5:18

E sucedeu que, tendo decorrido um ano, no tempo em que os reis saem a combater, enviou Davi a Joabe e a seus servos com ele e a todo o Israel para que destruíssem os filhos de Amom e cercassem a Rabá; porém Davi ficou em Jerusalém.[1] E aconteceu à hora da tarde que Davi se levantou de seu leito e andava passeando no terraço da casa real, e viu no terraço a uma mulher que se banhava; e era mulher mui formosa à vista. E enviou Davi, e perguntou por aquela mulher; e disseram: "Porventura não é Betsabá, filha de Elia, mulher de Urias, o hitita?"[2] Então enviou Davi mensageiros e a mandou trazer. E ela veio, e Davi se deitou com ela.[3] (E ela já se purificara de sua imundície). Em seguida, voltou para casa.

(continua na p. 65)

64   A SEXUALIDADE NA BÍBLIA

4 O narrador insiste em que ela está num estado de pureza – fato curioso, porquanto Betsabá não é israelita. A impureza feminina, nas escrituras, refere-se à menstruação ou ao pós-parto. Seja como for, se o banho de Betsabá era um ritual de purificação, o detalhe importante é que estivera menstruada ou acabara de dar à luz. Em suma, Betsabá não está (ainda) grávida. Além disso, quando os emissários interromperam seu banho, ela talvez não houvesse terminado de lavar-se e continuava impura. Provavelmente o narrador queira dizer que Davi não só cometeu adultério como o fez com uma estrangeira. Não foi, pois, nenhuma surpresa que Betsabá engravidasse.

* O Evangelho de Mateus esclarece o tema da perfeição absoluta. Não basta evitar o contato físico com a pessoa a quem se deseja. Jesus, como os fariseus da época, exige de nós um padrão de comportamento muito alto: não deseje, não pense sequer em fazer sexo com alguém que pertença a outra pessoa ou se você mesmo é comprometido. Jesus fala como se este mundo fosse governado por Deus – uma visão utópica. No mundo perfeito, não há adultério porque não há desejo sexual.

5 Apanhada no ato? Sem roupa? Sozinha? Sim, a lei de Moisés (Levítico 20:10) diz mesmo que a adúltera deve ser morta – *e* o adúltero também. Onde está o homem? De novo, Jesus é instado a tomar uma decisão legal e esclarecer seus ensinamentos à luz da lei mosaica. A pergunta feita a Jesus indica que a ideia da pena capital para o crime de adultério era debatida na época, e talvez antes.

6 Os líderes religiosos fazem uma pergunta e Jesus muda as regras. Não aborda a questão do adultério, não trava uma discussão jurídica e não julga a mulher; ao contrário, passa a tratar do tema dos pecados da humanidade inteira. Declara que apenas os isentos de pecado podem infligir punições. A primeira reação de Jesus revela que ele não responderá conforme o esperado: inclina-se e começa a rabiscar na areia.

7 A pergunta que eu sempre quis fazer a respeito dessa passagem é: por quanto tempo ficou Jesus a escrever na areia? Estivera ensinando a uma multidão que se dera ao trabalho de uma viagem cansativa só para ficar com ele. Mas, segundo o texto, Jesus permaneceu inclinado tanto tempo

(continua na p. 66)

(continuação da p. 63)

E a mulher concebeu. E mandou dizer a Davi: "Estou grávida."[4]

II Samuel 11:1-5

Ouvistes o que foi dito: "Não cometereis adultério." Mas eu vos digo que qualquer que olhar uma mulher cobiçosamente já adulterou com ela em seu coração.

Mateus 5:27-28

E, pondo-a no meio, disseram-lhe: "Mestre, esta mulher foi apanhada no próprio ato, adulterando. E na lei Moisés nos mandou que as tais sejam apedrejadas. Tu, pois, que dizes?"[5] Isso diziam eles, tentando-o, para que tivessem de que o acusar. Mas Jesus, inclinando-se, começou a rabiscar com o dedo na areia. E como insistissem, perguntando-lhe, endireitou-se e disse-lhes: "Aquele dentre vós que está sem pecado atire a primeira pedra."[6] E, tornando a inclinar-se, rabiscava na areia. Quando ouviram isso saíram um a um, a começar pelos mais velhos, até os últimos. Ficaram só Jesus e a mulher que estava no meio.[7]

(continua na p. 67)

66 A SEXUALIDADE NA BÍBLIA

(continuação da p. 64)

que, quando deu por si, estava *sozinho* com a mulher. Quanto demoraria para aquela multidão toda se dispersar, até não restar ninguém em volta de Jesus? Os anciãos devem ter pensado que traziam a Jesus o pior dos pecadores: uma adúltera apanhada em flagrante.

8 No entender de Jesus, e para grande surpresa dos anciãos, o adultério é apenas um pecado entre muitos; um mero sintoma de que a humanidade precisa de Deus. É bom lembrar: pecados que nos deixam embaraçados e ruborizados são, no final das contas, iguais a qualquer outro. No máximo, a reação que provocam talvez revele uma área de nossa vida mais necessitada de Deus.

* Aqui, o que Jesus não faz é que é interessante: não se empenha a fundo em ajudar a mulher. O casamento dela terminou? Uma vez que Jesus proíbe o divórcio, que será dessa mulher? Terá de permanecer sozinha pelo resto da vida?

(continuação da p. 65)

E endireitando-se Jesus e não vendo ninguém mais do que a mulher, disse-lhe: "Mulher, onde estão os teus acusadores? Ninguém te condenou?" E ela disse: "Ninguém, Senhor." E disse-lhe Jesus: "Nem eu também te condeno; vai e não peques mais."[8]

João 8:4-11

68   A Sexualidade na Bíblia

* O termo "inter-racial" é anacrônico com relação aos textos bíblicos. Nosso conceito de raça é um construto moderno e portanto, a rigor, a Bíblia não o leva em conta. Todavia, ela trata das relações entre culturas, religiões e etnias diferentes. Emprego, pois, o termo "inter-racial" de maneira livre, só para mostrar como esses textos continuam importantes para nossas preocupações atuais.

1 A Bíblia hebraica teve várias edições, acompanhando as mudanças históricas. O autor do Deuteronômio foi um de seus editores mais coerentes e sua marca é visível: não se misturem com outras culturas, Deus pune o povo todo pelos pecados de um só. A palavra *toevah*, traduzida em geral por "abominação", não ocorre nessa passagem, mas a ideia que encerra está presente: significa "mistura", "confusão". Misturar coisas díspares (sementes, roupas, espécies) repugnava aos israelitas, e por uma boa razão. Sua existência cultural dependia de seu isolamento (*qodesh*). Em Levítico 11:44-45, Deus lhes diz: "Permanecei santos [*qodesh*] como eu o sou." Se o povo persistir na santidade (isolamento), será abençoado. E bênção significa chuvas, alimento, proteção contra invasões, filhos... Canaã era uma terra superpovoada e constantemente assolada por povos intrusos. Se Israel quer mesmo conservar a pureza religiosa e cultural, então as leis de exclusão do Levítico fazem sentido: não se misturem. A última acepção é que os israelitas não devem se deixar atrair por culturas onde se adoram outros deuses. Para não correrem o risco da idolatria, Deus lhes ordena trucidar sem piedade os invasores: animais, homens, mulheres, crianças. Essa ordem (*herem*, em hebraico) contradiz diretamente outros mandamentos de Deus, que não permitem matar. O autor do Apocalipse, quase sempre identificado com o apóstolo João, repisa o mesmo motivo: aqueles que se misturam a outras culturas e se afastam da igreja devem ser tratados com violência.

2 Tema recorrente dos editores da Bíblia hebraica, tanto quanto do autor do Apocalipse, o ato sexual é praticamente sinônimo de culto a outras divindades. Aos olhos dos sacerdotes e profetas (inclusive João, autor presumido do Apocalipse), para quem o pacto com Deus é um casamento, há pouca diferença entre idolatria e união com estrangeiros.

Casamento inter-racial

E quando o Senhor teu Deus os tiver dado em tua mão, e os venceres, deverás destruí-los totalmente; não farás acordos políticos com eles nem terás deles piedade.[1] Pois desviariam teus filhos de mim, para que servissem a outros deuses; e a ira do Senhor se acenderia contra ti e logo te consumiria.[2]

DEUTERONÔMIO 7:2-3

Agora, pois, façamos um pacto com o nosso Deus: despediremos todas essas mulheres e tudo o que nasceu delas, conforme o conselho do Senhor e dos que tremem ao mando do nosso Deus; e cumpra-se a lei.

ESDRAS 10:3

70   A SEXUALIDADE NA BÍBLIA

* Os Profetas ensinaram que o exílio – quando o povo judeu foi expulso da Terra Prometida – era resultado direto da idolatria, de sua "prostituição" com deuses estrangeiros. Após o exílio, uma série de sacerdotes e reis reconstruíram o Templo para restabelecer o culto apropriado e colocar de novo em vigência a separação/santidade. A proposta de Esdras, de anular todos os casamentos com mulheres estrangeiras, é sua primeira medida discriminatória. Simbolicamente, a mulher estrangeira torna-se uma sedutora promíscua e perigosa. Dando um fim ao casamento inter-racial, Esdras, metafórica e literalmente, reconstrói a parede da separação entre os israelitas e os adoradores de outros deuses.

* Essa opinião da Bíblia sobre os estrangeiros – que são maus e devem ser destruídos, e que se alguém se misturar com eles será afastado das bênçãos divinas ou mesmo morto – é certamente uma mensagem forte do texto hebraico. No entanto, não representa a única atitude perante os estrangeiros. O Livro de Rute é um dos muitos da Bíblia que falam bem deles e do casamento inter-racial. Rute é moabita, uma estrangeira, que se casa com um israelita, Malom. O marido morre e ela vai com a sogra para Belém, onde encontra outro parceiro entre a gente local (de novo, um israelita). Esse tipo de casamento não oferece nenhum problema aqui. Na verdade, a Bíblia pouco se preocupa com os casamentos inter-raciais. José, Moisés, Ester – todos grandes personagens – escolheram cônjuges estrangeiros.

Lemos, no final do Livro de Rute, que dela e de Boaz (seu segundo marido israelita) proveio o maior dos reis de Israel, Davi. Isso depõe muito em favor dos estrangeiros, sem nenhuma advertência contra o casamento inter-racial.

* Essa passagem oferece um bom modelo para as pessoas que contraíram um matrimônio inter-racial, intercultural ou intergeneracional (Boaz é muito mais velho que Rute). É a história de uma família feliz. Nunca critica Rute por ser estrangeira, nunca comenta sua classe ou idade. Ela é uma mãe modelar e o favor de que goza aos olhos de Deus se revela em sua descendência.

Os quais tomaram para si mulheres moabitas; e era o nome de uma Orfa e o nome da outra Rute; e ficaram ali quase dez anos.

Rute 1:4

Estas são, pois, as gerações de Perez: Perez gerou a Esrom. E Esrom gerou a Arão. E Arão gerou a Aminadabe. E Aminadabe gerou a Naassom. E Naassom gerou a Salmom. E Salmom gerou a Boaz. E Boaz gerou a Obede. E Obede gerou a Jessé. E Jessé gerou a Davi.

Rute 4:18-22

72 A Sexualidade na Bíblia

3 A palavra que traduzi por "jugo desigual" não possui equivalente em nossa língua. Refere-se por alto a dois animais jungidos ao arado, mas que não têm a mesma força. A disparidade de sua força de tração significa que se moverão em círculos, não em linha reta. O autor dessa passagem recomenda que a pessoa nunca se emparelhe com outra mais fraca.

4 Pela linguagem de Paulo, vemos que seu pensamento está em consonância com Deuteronômio 7:2-3, acima citado. O receio de Paulo é o mesmo dos sacerdotes de Israel: a união com gente de outra fé pode conduzir à idolatria ou, pior ainda, ao sincretismo – a diluição da crença verdadeira.

* Os editores da Bíblia achavam que a sobrevivência dos israelitas e dos cristãos primitivos dependia de seu isolamento, mas a meu ver isso nem sempre era possível. Algumas seitas religiosas atuais recorreram à mesma retórica para garantir que a separação racial é ordenada por Deus. A Convenção Batista do Sul retirou oficialmente seu interdito sobre o casamento inter-racial nos anos 1960. No entanto, alguns grupelhos pretensamente religiosos do movimento da Identidade Cristã continuam a disseminar o ódio afirmando que a Bíblia proíbe a união entre pessoas de raças diferentes. Ora, hoje em dia, pensamos que a sobrevivência humana depende justamente da mescla cultural, atitude que se manifesta na liberdade de todos para desposar quem bem entendam. Isso, conforme se vê pelo episódio da criação no Gênesis e a postura dos arquitetos da igreja primitiva frente ao casamento em geral, constitui o alicerce de um mundo estável. Embora esses versículos tenham sido invocados para proibir os casamentos inter-raciais, a principal preocupação de Paulo é com o casamento inter-religioso. Ele recomenda dissuadir (não proibir) os cristãos de se casar com não cristãos.

* A Bíblia não tem uma atitude única perante os estrangeiros. Independentemente do fato de louvar os relacionamentos positivos com eles (por exemplo, nas histórias de Jonas, Rute, Ester e outros) ou proibir a interação, certas posturas a seu respeito certamente já não se aplicam em nossos

(continua na p. 74)

Não vos prendais a um jugo desigual com os infiéis, pois que parceria pode haver entre a justiça e a injustiça? E que comunhão tem a luz com as trevas? E que concórdia há entre Cristo e Belial? Ou que parte tem o fiel com o infiel? E que consenso tem o templo de Deus com os ídolos? Porque vós sois o templo do Deus vivente, como Ele mesmo disse: "Neles habitarei e no meio deles andarei; serei o seu Deus e eles serão o meu povo.[3] Portanto, saí de perto deles, e apartai-vos", diz o Senhor. "E não toqueis nada de imundo,[4] que assim vos acolherei. Serei para vós Pai e vós sereis para mim filhos e filhas", diz o Senhor Todo-Poderoso.

II Coríntios 6:14-18

74 A SEXUALIDADE NA BÍBLIA

(continuação da p. 72)

dias. São ideias de um tempo em que o estrangeiro representava a catástrofe – pelo menos, é assim que os sacerdotes e o autor do Apocalipse pensavam. Aprendemos enfim que a sobrevivência depende realmente das boas e amistosas relações entre os povos, as raças e as etnias.

1 Davi está velho e a amante que os servos lhe querem dar é muito jovem. A diferença de idade não constitui empecilho para a prática do sexo. Aqui, é esse o remédio de que precisa um rei sem forças.

* Passagens como essa mostram que o "calor" sexual é reconhecido, mesmo na Bíblia, por seus benefícios terapêuticos.

2 Boaz acha Rute abençoada porque ela não está em busca de rapazinhos, mas contenta-se com um homem velho e rico.

* Há vários exemplos de homens velhos que se casam com mulheres muito mais jovens (Isaque e Rebeca, Gênesis 25:20-26; Jacó e Raquel, Gênesis 29:18). As mulheres em geral ficavam noivas ainda antes de menstruar e casavam-se no início da puberdade (aos 12 ou 13 anos), mas não sei de nenhuma passagem, na Bíblia, em que uma mulher mais velha desposa um homem mais jovem. Em Gênesis 38, Judá não permite que Tamar se case com seu filho caçula.

* Hoje, há um duplo padrão para os casamentos intergeneracionais. Estamos acostumados a ver homens mais velhos casados com mulheres mais jovens, porém não o contrário. Nossa cultura parece valorizar esse dispositivo. Alguns filmes mostram homens já bem idosos tendo relacionamento com mocinhas (embora não devamos esquecer a provocante sra. Robinson). Mas essas são atitudes culturais oriundas provavelmente do fato de o homem produzir espermatozoides até bem depois de a mulher deixar de ser fértil. Talvez também o macho mais velho ainda ocupe o ponto alto da escala de poder. Essas passagens bíblicas lembram-nos de que pouca coisa mudou com respeito às relações de poder no universo do sexo, mas não limitam nossa escolha do parceiro com quem pretendemos manter um vínculo amoroso sólido e duradouro.

Uniões inter-raciais

Sendo, pois, o rei Davi já velho e entrado em anos, cobriam-no de vestes, mas ele não se aquecia. Então disseram os seus servos: "Encontremos para ti uma virgem.[1] Que ela se poste diante do rei, cuide dele e durma com ele, pois assim se aquecerá."

I REIS 1:1-4

Ele disse: "Que o Senhor te abençoe, minha filha, pois este último exemplo de tua lealdade é ainda melhor que o primeiro. Com efeito, não foste atrás de homens jovens, quer pobres, quer ricos."[2]

RUTE 3:10

1 Ter e não ter filhos era visto como recompensa ou castigo divino. Na Bíblia hebraica, os filhos – principalmente homens – são sinal da bênção de Deus. No Novo Testamento, eles garantem a salvação da mulher (I Timóteo 2:15).

2 Abraão é dono de Sara e da serva de Sara, Hagar. Tem privilégios sexuais junto às duas. No entanto, como é a esposa original, Sara pode de alguma maneira controlar a sexualidade de Hagar. Segundo o costume, se Hagar der à luz no regaço de Sara, o bebê pertencerá a esta.

3 Abraão teve outras esposas além de Sara e Hagar. A Bíblia não fala muito delas, pois não são importantes no quadro da grande narrativa de Abraão e dos israelitas. Entretanto, o texto não se preocupa em defender ou justificar a multiplicidade de esposas. Era o costume da época. Para um homem rico e poderoso como Abraão, constituía não apenas um direito, mas também um símbolo de prestígio. O homem era medido por suas posses: escravos, mulas, mulheres. Estas são, ainda, uma prova do sucesso do homem; para o solteiro de hoje, ter mais de uma parceira costuma ser visto como uma honra e não uma vergonha (ocorre geralmente o contrário com as mulheres). Em nossos dias, quer-se que o homem despose mulheres em sequência e não de uma vez só. Alguns acham a série de casamentos fracassados uma derrota; outros, uma lista de "gols marcados".

4 Os filhos das esposas originais são os mais importantes: herdam tudo. O resto ganha alguns presentes e vai embora.

5 Jacó, como seu avô Abraão, teve várias esposas. Duas originais e duas secundárias. De novo, a Bíblia não se preocupa em justificar o ato. Na verdade, é uma bênção de Deus que Jacó possa ter tantas mulheres e gerar tantos filhos.

Esposas e maridos múltiplos

Disse Sara a Abraão: "Ora vês, o Senhor me impediu de gerar.[1] Peço-te, pois, que entres em minha serva, e ela parirá em meu regaço." E Abraão seguiu o seu conselho.[2]

GÊNESIS 16:2

Abraão deu tudo o que tinha a Isaque. Mas aos filhos de suas concubinas deu presentes[3] enquanto vivo e os mandou para longe de Isaque[4], para as bandas do Oriente.

GÊNESIS 25:5-6

Dá-me [Jacó] as esposas e os filhos pelos quais te servi,[5] e deixa-me partir; pois bem sabes quanto serviço te prestei.

GÊNESIS 30:26

78 A Sexualidade na Bíblia

* Esse versículo de Gênesis 30 e outros parecidos foram usados para justificar a poligamia. Nada mais impróprio. Eles são fruto de uma cultura diferente, na qual as mulheres não passam de propriedade e sinal de riqueza ou bênção divina. O Alcorão tem um ensinamento semelhante, embora confuso, sobre a multiplicidade de esposas. Maomé aceita que o homem possua várias mulheres, desde que as trate por igual. Alguns acham que isso significa proibir a poligamia; outros, permiti-la.

6 O autor de Juízes reconhece a poligamia como um modo de vida normal para Gideão.

* Quanto maior o rei, mais esposas devia ter. Esses bens alardeavam sua riqueza; porém, mais importante ainda, cada esposa era um vínculo com uma potência estrangeira. As alianças políticas do rei eram seladas com casamentos. A mulher se tornava o penhor dos tratados, das transações imobiliárias e de outros negócios. Um rei digno desse nome costumava ter às vezes centenas de esposas. Elas eram como os Cadillacs de Elvis Presley: símbolos e dons de um homem extremamente poderoso.

7 Absalão é filho de Davi. Seu amigo Aquitófel aconselha-o a fazer sexo com as concubinas do pai. Absalão, cujo nome significa "meu pai é a paz", sabe muito bem que as mulheres pertencem como propriedade a Davi e possuí-las seria, no final das contas, atentar contra o pai, contra a paz.

8 "Tomar" uma das concubinas de Davi constituiria um desafio direto à sua honra, pois elas são um símbolo do poder do rei. Absalão está comprando briga.

Ora, Gideão teve setenta filhos, todos seus, pois muitas foram as suas mulheres.[6]

JUÍZES 8:30

Em Jerusalém, depois que voltou do Hebrom, Davi tomou mais concubinas e esposas; e mais filhos e filhas lhe nasceram.

II SAMUEL 5:13

E disse Aquitófel a Absalão: "Vai e entra nas concubinas de teu pai,[7] as que ele deixou para dirigir a casa. Assim, todo o Israel saberá que te fizeste odioso aos olhos do rei, e as mãos que estão contigo se robustecerão."[8]

II SAMUEL 16:21

9 Se a honra do homem emanava de quantas mulheres e concubinas possuísse, a honra da concubina consistia no prazer sexual que desse ao seu senhor. Era vergonhoso para as concubinas de Davi não serem procuradas por ele. Davi garantia que tivessem comida, água e tudo o mais de que precisavam para viver, mas elas não podiam abandonar a casa (ou seja, nada de sexo com outros homens). Em última análise, o rei as privara de toda honra.

10 Esse seria sem dúvida o pior castigo para uma concubina. As de Davi não tinham outro meio de conservar a honra e passaram a viver como viúvas: lamentando sua mocidade, sem nunca poder dar prazer ao rei. O autor sequer imagina que talvez fizessem sexo entre si.

11 Salomão posa claramente de modelo do grande homem. O autor de I Reis nos tenta convencer de que ele era o Donald Trump da época: gigantescos projetos arquitetônicos, montes de esposas maravilhosas (embora Salomão as tivesse todas de uma vez) e ouro às mãos-cheias. As concubinas, como propriedade, ostentavam sua riqueza; as noivas, seu poder político. A Bíblia não vê com bons olhos as muitas esposas estrangeiras de Salomão.

12 O ciúme que Deus tem de Salomão é que é o problema. Os autores da Bíblia hebraica não se importam com o número de esposas que um homem tenha: a questão é serem estrangeiras. Se um rei fica noivo de estrangeiras, elas acabarão por afastá-lo de sua primeira esposa, Deus.

* Você não chegará a lugar nenhum se consultar a Bíblia sobre práticas condicionadas pela cultura e pela época, como a poligamia. A Bíblia não pode ser para nós o único manual de casamento. Nossos costumes sociais quanto a namoro, matrimônio e sexo (nem sempre nessa ordem), juntamente com nossos sentimentos, constituem hoje o guia fundamental – a Bíblia só deve suplementá-lo. Ela é uma boa fonte histórica para os costumes sociais de um povo antigo muito, muito distante dos Estados Unidos. Mas é de pouca utilidade no mundo moderno com seus conselhos para só ter filhos com as esposas. Essa não é, pura e simplesmente, a vida que levamos hoje.

Vindo pois Davi para sua casa em Jerusalém, tomou as dez mulheres, suas concubinas, que ali deixara como administradoras, e as pôs numa casa sob guarda, e lhes dava o necessário, mas não entrava nelas.[9] Assim ficaram encerradas até o dia de sua morte, vivendo como viúvas.[10]

II SAMUEL 20:3

Entre as esposas [de Salomão] havia setecentas princesas e trezentas concubinas;[11] e elas lhe afastaram o coração [de Deus].[12]

I REIS 11:3

13 Você talvez conclua que a Samaritana era uma mulher imoral ou, pelo menos, uma divorciada em série. Mas o texto não dá apoio a essa interpretação negativa. Provavelmente, seus maridos anteriores haviam morrido de doença ou na guerra. E provavelmente o homem com o qual está agora é seu irmão ou pai. A sequência de sua conversa com Jesus revela que a principal preocupação da Samaritana (depois da água) é teológica.

14 A comunidade das mulheres também vê nela uma fonte confiável. Os antigos Pais da igreja e os modernos intérpretes pintaram-na como uma pessoa sexualmente imoral, a quem Jesus perdoa. Inúmeras são as circunstâncias que levam uma mulher a casar-se de novo, embora cinco vezes pareça muito. Mesmo assim, nem Jesus nem os samaritanos comentam essa sequência considerável de maridos. Quem a censura são, sobretudo, os leitores cristãos posteriores.

Disse-lhe Jesus: "Vai, chama o teu marido e volta aqui." A mulher respondeu: "Não tenho marido." E Jesus lhe disse: "Disseste bem, 'Não tenho marido', pois já tiveste cinco maridos [ou homens] e aquele que agora tens não é teu marido.[13] Falaste verdade." ... Muitos samaritanos daquela cidade creram nele por causa do testemunho da mulher: "Disse-me tudo o que fiz."[14]

João 4:16-18; 39

1 Davi (ver "Adultério") olha e avista ao longe uma bela mulher se banhando. Se a história parasse aqui, no versículo 2, quando Davi apenas olhava, não haveria dano nem pecado. O versículo não diz que ele admira a mulher, deseja-a ou pretende fazer alguma coisa; ficamos sabendo apenas que a vê e que ela é bela.

2 Davi dá um passo à frente no versículo 4: vê a mulher, deseja-a, toma-a. Hoje, muitos diriam que olhar não faz mal a ninguém. De fato, em certas ocasiões, é quase uma grosseria não observar e comentar a aparência de uma pessoa. Mas em outras culturas uma simples espiadela pode ser desrespeitosa ou mesmo um ato agressivo.

* Uma vez que banhar-se em particular em qualquer cidade da antiguidade era provavelmente quase impossível, as mulheres dependiam de as outras pessoas desviarem o olhar numa ou outra ocasião, e isso era algo esperado. O primeiro erro de Davi não foi tê-la desejado, mas tê-la olhado de maneira atrevida. E, também, nessa passagem, o amor não é mencionado.

* Davi é um homem poderoso, acostumado a ter tudo o que quer. Por outro lado, quem poderia dizer que Betsabá também não deseja fazer sexo com Davi? Ele toma Betsabá e, depois de possuí-la, manda-a embora. Se Betsabá não ficasse grávida, a história não chamaria a atenção de ninguém.

Luxúria, paixão e desejo

Ora, sucedeu que, no fim da tarde, quando despertou, Davi foi passear no terraço do palácio e viu dali uma mulher que se banhava; e era ela mui formosa.[1] Então Davi enviou mensageiros para trazê-la;[2] ela veio e ele a possuiu. (Já se tinha purificado de sua imundície.) Depois, ela voltou para casa.

II Samuel 11:2-4

3 Amnom, como seu pai Davi, espiou e desejou uma mulher proibida (ver Levítico 18:11). Na tradução, ambas as passagens informam que a mulher era formosa, como a dizer que, por isso mesmo, os homens não lhe podiam resistir. Entretanto, a palavra traduzida por "formosa" pode significar também "agradável". O texto é mais claro no caso de Betsabá (ela era agradável de ver), mas Amnom pode ter-se enamorado de Tamar por ela ser uma pessoa agradável – o que não significa, necessariamente, beleza física. Aqui, os tradutores optam por "beleza" porque essa qualidade, nas mulheres, transforma os homens em vítimas da sedução ou criaturas fora de controle, e não, obrigatoriamente, em agressores sexuais.

* Bom seria reconhecermos que o desejo às vezes lembra mais o ódio que o amor. Se desejamos uma pessoa, podemos com isso transformá-la em objeto. E então já teremos cometido uma espécie de assassinato, por arrebatar-lhe a humanidade.

* No Cântico dos Cânticos, luxúria, paixão e desejo sexual são coisas excelentes. Trazem prazer, trazem felicidade porque nos convencem de que pertencemos a alguém e alguém nos pertence. São coisas que nos fazem cantar. Lao-tzé lembra o amante do Cântico dos Cânticos ao escrever: "Amar profundamente uma pessoa me dá forças; ser profundamente amado por ela me dá coragem."

Ora, Absalão, filho de Davi, tinha uma bonita irmã cujo nome era Tamar; e veio um tempo em que Amnom, filho de Davi, se enamorou dela.[3] E Amnom ficou tão triste que caiu doente por causa de sua irmã Tamar; pois ela era virgem e a Amnom parecia difícil fazer-lhe qualquer coisa.

II SAMUEL 13:1-2

88 A SEXUALIDADE NA BÍBLIA

4 Como fariseu e cidadão romano, Paulo sabe que Deus nos ordenou ser santos. A palavra hebraica para "santo", *qodesh*, significa literalmente "separado" ou "isolado", o que se aplica muito bem no caso de alimentos, culto e sexo. Por exemplo, espécies diversas de sementes não são lançadas juntas à terra; e os seguidores de Deus não se misturam com os adoradores de outras divindades. Mas Paulo sabe também que judeus e gentios praticaram outrora o mesmo culto. Há referências históricas aos "tementes a Deus" – gentios bem recebidos nas sinagogas para reverenciar o Senhor. Paulo insiste no tema da santidade em suas cartas aos novos cristãos, pois eles já estavam familiarizados com essa prática. Tem pela frente a formidável tarefa de unificar um grupo diversificado de pessoas. E apela para as categorias sacerdotais do alimento e do sexo. Nesse versículo, enfatiza sobretudo o controle sexual. Para viver em paz numa comunidade mista, é necessário refrear as paixões eróticas.

5 Para ser "santa", a pessoa não pode praticar a *pornéia* – o excesso erótico. O significado de *pornéia* muda conforme a mentalidade daquele que interpreta. *Pornéia* é toda forma de sexo "fora de lugar" – mas o sexo normal está no olho do observador. Problema: quem determinará o que constitui o excesso?

Pertenço ao meu bem-amado e ele me deseja.

CÂNTICO DOS CÂNTICOS 7:10

Pois esta é a vontade de Deus, a vossa santificação:[4] que vos abstenhais dos excessos eróticos;[5] que cada um de vós saiba

(continua na p. 91)

90 A SEXUALIDADE NA BÍBLIA

6 Para melhor evitarmos a *pornéia*, Paulo afirma que manter o *skevos* (literalmente, "concha" ou "vaso") em santidade é o modo de não agir erradamente no sexo. Paulo recorre aqui a uma metáfora, é óbvio, mas em nada surpreende que ele empregue um termo de culinária para falar de sexo, uma vez que sexo e comida são as duas categorias primárias de pureza. Alguns tradutores preferem, nesse versículo, "implemento", "ferramenta", "membro", "jarro", "corpo" e "esposa". O que Paulo sublinha aqui é o *autocontrole*.

7 Paulo não condena o sexo, o desejo ou a paixão; apenas quer que todos controlem seus impulsos.

* Paulo e Jesus não concordam na questão do desejo. Para Paulo, as paixões são aceitáveis, desde que comedidas. Para Jesus, não o são nunca. Os ensinamentos de Jesus visam a um mundo ideal, governado por Deus. Já Paulo acha o desejo inevitável: o melhor que podemos fazer é canalizá-lo apropriadamente por meio do casamento.

LUXÚRIA, PAIXÃO E DESEJO

(*continuação da p. 89*)

possuir o seu vaso[6] em santidade e honra, não na paixão da concupiscência, como os gentios, que não conhecem a Deus.[7]

I TESSALONICENSES 4:3-5

92 A SEXUALIDADE NA BÍBLIA

1 Pouco antes, em Gênesis 18:2, três "varões" visitam Abraão ao entardecer, perto do bosque de Manre. Presumimos que sejam anjos, pois parecem representar o Senhor, mas o texto hebraico traz apenas "varões". No final do capítulo 18, ficamos sabendo que os tais varões foram para Sodoma, cidade prestes a ser destruída por Deus em consequência de um pecado qualquer (Gênesis 13:13). Nenhuma indicação nos é dada sobre qual pecado seria esse. Embora, historicamente, se cogite que era a homossexualidade, os profetas não pensavam assim. Isaías, por exemplo, não nos diz qual é sua opinião. Queixa-se apenas de que os sodomitas alardeavam esse pecado, na verdade até se orgulhavam dele (Isaías 3:9). Jeremias afirma que o pecado de Sodoma era o adultério, a mentira e a teimosia em não se converter (Jeremias 23:14). Ezequiel fala com clareza e segurança sobre o pecado de Sodoma: é o orgulho, a fartura, a vida luxuosa dos ricos, que não ajudam os pobres e necessitados (Ezequiel 16:49). Se Deus destruiu Sodoma por causa do pecado da homossexualidade, conforme pensamos há séculos, disso não souberam os profetas, as vozes do Senhor. O versículo 1 do capítulo 19 do Gênesis informa que apenas dois "mensageiros" se dirigiram a Sodoma. Se são os mesmos agentes de Deus que apareceram no capítulo 18, para onde foi o terceiro?

2 Vemos que Ló, como seu tio Abraão, recebe muito bem os mensageiros. Providencia para que lavem os pés, medida higiênica de que muito precisavam os viajantes daqueles tempos. Prepara-lhes também um banquete e reserva-lhes um lugar onde passem a noite.

3 *Todo* o povo de Sodoma rodeia a casa de Ló. Tradicionalmente, nas interpretações desse episódio, a "multidão" que ali comparece é constituída inteiramente por homens. Mas a palavra hebraica empregada aqui, *enosh*, significa apenas "pessoa" (sem identificação de sexo) ou "humanidade". Com efeito, o texto deixa claro que "todo o povo" de Sodoma rodeia a casa (não usa o termo *zakar*, que indicaria a pessoa do sexo masculino).

Orientação sexual

E vieram os dois mensageiros[1] a Sodoma, à tarde, e estava Ló assentado à porta de Sodoma; e vendo-os Ló, levantou-se e foi ao seu encontro, inclinando-se com o rosto em terra. E disse: "Agora entrai, meus senhores, peço-vos, em casa de vosso servo e passai nela a noite, e lavai os vossos pés. De manhã vos levantareis e prosseguireis vosso caminho." E eles disseram: "Não, antes na rua passaremos a noite." E Ló insistiu muito com eles, e entraram em sua casa. E fez-lhes banquete, e cozeu bolos sem levedura, e comeram.[2] E antes que se deitassem, o povo da cidade, o povo de Sodoma, cercou a casa, tanto velhos quanto moços, vindos de todos os bairros;[3] e chamaram a Ló, e disseram-lhe:

(continua na p. 95)

94   A Sexualidade na Bíblia

4 Portanto, o povo todo, homens e mulheres, cerca a casa de Ló. Pedem que Ló lhes traga os mensageiros a fim de "conhecê-los". "Conhecer" (*yada*) é um eufemismo comum para "fazer sexo" na Bíblia, motivo pelo qual a maioria dos leitores pensa que essa é a intenção do povo de Sodoma; mas pode-se interpretar o caso de outra maneira. Numa leitura ao pé da letra, a multidão, suspeitando que Deus planeje destruir sua cidade, vem à cata de informações. Portanto, ou tenciona praticar violência sexual ou quer saber de alguma coisa. Ante a iminência da catástrofe, nada mais razoável que o povo de Sodoma ameace os estrangeiros com agressão. Nunca saberemos ao certo por que aquela gente chama para fora seus implacáveis destruidores, mas, considerando-se seu destino, é uma atitude que faz sentido. Talvez se trate de uma exibição de poder, como é o caso dos estupros brutais nas prisões.

5 Ló pede que a multidão não faça mal a seus hóspedes e, num ato surpreendente e chocante, oferece no lugar deles suas próprias filhas virgens. Embora essa passagem tenha sido sempre invocada para condenar o homossexualismo, nunca o foi para proibir a violência sexual contra as mulheres. O trecho mostra que as antigas atitudes com respeito às mulheres e à sexualidade não mudaram muito. O povo de Sodoma rejeita as virgens e essa rejeição mostra que o sexo em si não era seu objetivo: eles estão mais interessados em interrogar, punir e dominar os mensageiros da destruição de Deus. Acontecimentos posteriores revelam que os autores bíblicos desaprovavam, eles próprios, a atitude de Ló.

* A rejeição das filhas de Ló lança uma suspeita cultural sobre a história. Os leitores se perguntam como um macho sexualmente "normal" recusaria possuir uma virgem. Mas, se pensarmos bem, as coisas podem ter se passado da seguinte maneira: dois homens vêm para destruir uma cidade; o povo todo rodeia a casa onde se alojam; Ló oferece suas filhas para a prática do sexo, mas não é isso o que aquelas pessoas querem. Quando arremetem contra a casa, os mensageiros as cegam e destroem a cidade. Onde está o homossexualismo nessa história? Conclusão: todos recebemos interpretações convencionais de certas passagens bíblicas, mas elas são sempre as únicas e as corretas? Se examinarmos essas interpretações mais de perto, veremos com frequência que não são necessariamente como nos ensinaram.

(continuação da p. 93)

"Onde estão os varões que a ti vieram nesta noite? Traze-os aqui para que os conheçamos."[4] Então Ló foi ter com eles à porta, que fechou atrás de si. E disse: "Meus irmãos, rogo-vos que não façais mal nenhum a eles. Eis aqui minhas duas filhas, que ainda não se deitaram com homens; vou trazê-las para vós e então lhes fareis o que quiserdes. Mas nada façais a estes varões, pois buscaram abrigo sob o meu teto."[5] Eles, porém, disseram: "Arreda-te daí!" E disseram mais: "Como estrangeiro este indivíduo veio aqui habitar e agora quer ser juiz em tudo? Pois mais mal te faremos a ti do que a eles!" E arremessaram-se contra o varão, contra Ló, e achegaram-se para arrombar a porta. Mas os hóspedes estenderam a mão e fizeram entrar Ló em casa com eles, e fecharam a porta. E feriram de cegueira os que estavam fora, desde o menor até o maior, de sorte que não conseguiam achar a entrada.

Gênesis 19:1-11

96 A SEXUALIDADE NA BÍBLIA

6 A tradução é vaga, mas o sentido é claro: homens que fazem sexo com homens devem ser mortos. O versículo exige que levemos em conta a palavra *abominação* e o porquê de a morte ser aqui a resposta "apropriada".

7 Há muito mais coisas nesse versículo do que possa parecer à primeira vista. A palavra *toevah*, usualmente traduzida aqui como "abominação", significa "mistura" ou "confusão. A ideia de misturar coisas díspares (sementes, roupas, espécies) era repulsiva e perigosa para os israelitas. Sua existência cultural e física, do modo como a viam, pressupunha a continuidade da separação. Manter a separação significa não apenas isolar-se de outros povos como também categorizar apropriadamente as coisas. A "confusão" do sexo homoerótico ocorre porque duas coisas diferentes se mesclam. Você poderá pensar: "Mas dois homens são coisas diferentes?" No sexo entre homens, um penetra e o outro é penetrado. Aos olhos dos sacerdotes israelitas, a passividade não é característica natural do homem; para que ele seja o parceiro sexual passivo, tem de agir como mulher. Aqui, as duas categorias confundidas são *homem* e *mulher*. Segundo o Levítico, o homem que faz as vezes de mulher é *toevah*.

8 A sentença de morte, para punir o ato sexual, nos parece excessiva, mas talvez os israelitas achassem que esse ato equivalia à morte para a comunidade toda. Quando a sobrevivência da comunidade está sob ameaça, a coisa "ofensora" é extirpada e destruída. Se semelhantes ideias nos parecem estranhas e bizarras, é porque são mesmo. Garantir que as coisas permaneçam em seus devidos lugares, indo ao ponto de executar aquele que confundiu categorias, é algo que não fazemos hoje.

* Essas leis não se aplicam aos tempos modernos. Nossa sobrevivência não depende de mantermos a separação e não confundirmos categorias. E ainda que dependesse, não conseguiríamos agir dessa maneira (como não o conseguiam, provavelmente, nem mesmo os antigos israelitas). Trata-se de leis que, com toda a certeza, nunca tiveram vigência. Devem ter sido imitadas de outras culturas e usadas apenas para a prevenção.

ORIENTAÇÃO SEXUAL

Quando um homem se deita com outro homem qual se fora mulher,[6] ambos cometem confusão[7] e devem ser executados.[8] Seu sangue está sobre eles.

LEVÍTICO 20:13

A Sexualidade na Bíblia

98

* Se entendermos bem a mentalidade dos antigos israelitas quanto aos perigos da mistura de categorias (ver Levítico 20:13), a proibição do travestismo em Deuteronômio 22:5 fará sentido para nós (ao menos na medida em que o fazem os antigos códigos de pureza). Garantir que cada coisa esteja em seu devido lugar significa, usualmente, não confundir os sexos.

* Permanece a questão: que tem tudo isso a ver conosco e com as escolhas que fazemos relativamente ao sexo? Respondo: nada e alguma coisa. As leis religiosas da Bíblia eram para um determinado povo. Como jardineira, nunca consulto esses códigos quando escolho minhas sementes; e quando estou me vestindo para sair, não corro ao Levítico a fim de saber o que devo usar. Também, é claro, não busco no Levítico informações sobre sexo. Essas foram leis que criaram e preservaram uma comunidade. Se quisermos viver em comunidade, sobretudo numa cuja sobrevivência pressuponha a cooperação e a interdependência (a comunidade humana, por exemplo), teremos de aceitar normas consensuais referentes a alimento, vestimenta, abrigo e, é claro, sexo. Se não entendo uma regra ou mesmo se não concordo com ela, talvez haja nessa regra um significado que vá além de mim como indivíduo; talvez ela se proponha assegurar o bem do grupo e não da pessoa. As normas do Levítico sobre sexo, alimento e muitas outras coisas não são aplicáveis a todas as culturas. Foram elaboradas para um povo específico, num determinado tempo e lugar. Por esse pacto e esses presentes, Jônatas declara sua devoção leal e duradoura a Davi, mesmo à custa da própria vida.

9 Não é difícil perceber nas entrelinhas dessa passagem uma referência ao homoerotismo. Se essa descrição do amor envolvesse uma mulher e um homem, ninguém deixaria de ver nela uma intenção romântica.

10 Num pacto (contrato) há sempre troca de objetos para garantir que ele será respeitado, embora os presentes de Jônatas a Davi pareçam aqui abundantes demais. Ele lhe dá seus bens mais caros e necessários. O manto será literalmente o brasão da realeza de Davi, esse provável futuro rei. A armadura, a espada e o arco eram objetos preciosos para Jônatas, as únicas coisas que permaneciam entre ele e a morte.

E sucedeu que, acabando Davi de falar com Saul, a alma de Jônatas se ligou com a alma de Davi; e Jônatas o amou como à sua própria alma.[9] E Saul naquele dia se apoderou dele e não permitiu que voltasse para a casa de seu pai. Então Jônatas e Davi fizeram um pacto, porque Jônatas o amava como à sua própria alma. E Jônatas se despojou do manto que trazia sobre os ombros e o deu a Davi, como também as suas roupas e até a sua espada, o seu arco e o seu cinto.[10]

I Samuel 18:1-4

100 A SEXUALIDADE NA BÍBLIA

11 Saul chama aqui Jônatas com o equivalente ao nosso grosseiro "filho da puta".

12 Mais tarde, Saul ameaça tomar toda a herança de Jônatas, inclusive o reino de Israel, por causa de seu amor a Davi. Jônatas acaba preferindo Davi à sua própria família.

13 Saul deixa claro que o amor e a devoção de Jônatas a Davi são uma vergonha não só para ele mesmo como para sua mãe. A frase "para vergonha da nudez de tua mãe" alude ao fato de ela o ter concebido. Em outras palavras, Saul esbraveja que melhor fora Jônatas nunca ter nascido.

* A tirada de Saul contra seu filho Jônatas por causa do amor que este devotava a Davi é bem conhecida de muitos gays e lésbicas. Eles têm de suportar, de seus pais indignados, maldições, nomes feios, grosserias, vergonha e sentimento de culpa. A despeito da arenga venenosa de Saul, Jônatas continua a amar Davi.

14 Dois homens que se abraçam, beijam e choram: essa não é uma imagem a esperar da Bíblia. É o adeus final de Davi à sua querida alma gêmea.

ORIENTAÇÃO SEXUAL

Então se acendeu a ira de Saul contra Jônatas, e disse-lhe: "Filho de mulher rebelde e perversa![11] Acaso não sei que escolheste o filho de Jessé[12] para vergonha tua e da nudez de tua mãe?"[13]

I SAMUEL 20:30

Tão logo se fora o jovem, ergueu-se Davi do monte de pedras e lançou-se com o rosto em terra. Três vezes se inclinou; e beijaram-se um ao outro, e choraram juntos. E Davi chorou mais.[14]

I SAMUEL 20:41

15 Após saber da morte de Jônatas, Davi confessa em lágrimas tê-lo amado mais que a qualquer mulher. Mais tarde, Davi ganharia má fama tanto por suas muitas esposas quanto pelos adultérios e um relacionamento criminoso com certa mulher casada. Um conceito errôneo sobre erotismo é que a pessoa só tem desejo por um único sexo. A ideia moderna faz do homossexual aquele que escolhe um dos sexos com exclusão do outro. Uma das lições que podemos tirar da história de Jônatas e Davi é que homens casados e com filhos podem também alimentar desejos por outro homem.

* O homoerotismo no mundo antigo, graças sobretudo à cultura grega, não era algo que apenas "certos" homens praticavam com exclusividade. Um aristocrata podia muito bem ter esposa, amante e um rapazinho como parceiro sexual.

16 Deus faz com que o chefe dos eunucos sinta amor e, portanto, compaixão por Daniel. Desse modo, este consegue servir a Deus dentro das leis. Se o eunuco não sentisse nada por Daniel, obrigá-lo-ia a comer o alimento proibido, expulsá-lo-ia do palácio ou mesmo o mandaria matar. Misteriosos são, de fato, os caminhos do Senhor. Essa passagem sugere que o desejo de um homem por outro é criação de Deus e aqui aparece como instrumento útil para a manutenção do culto.

Lamento por ti, irmão Jônatas, pois muito te amei. Mais maravilhoso me era o teu amor do que o amor das mulheres.[15]

II SAMUEL 1:26

E permitiu Deus que Daniel achasse favor e ternura aos olhos do chefe dos eunucos.[16]

DANIEL 1:9

17 Paulo assumiu a formidável responsabilidade de unificar povos diversos dentro da comunidade cristã. Essa passagem da epístola aos Romanos – a única, na Bíblia, que menciona o homoerotismo feminino – não é tão clara quanto deveria ser porque constitui apenas parte do argumento mais abrangente que o autor está desenvolvendo. Mas não se enganem: Paulo não gosta nada de homoerotismo e, aqui, se ocupa particularmente do sexo entre mulheres. Percebemos, em suas ideias sobre sexualidade e diferença dos sexos, uma influência decisiva do helenismo; as atitudes de Paulo relativamente ao assunto estão em perfeita sincronia com as de seus contemporâneos gregos, segundo Bernadette Brooten.

* Hoje, sabemos que as caracterizações dos sexos (roupas, cortes de cabelo, joias e até maneira de andar) são especificidades de nossa cultura, não algo com que nascemos ou que seja "natural" a cada sexo. Na Europa, os homens costumam usar calças de "pescador", que só chegam ao meio das canelas, quando a maioria de meus conterrâneos do Missouri sequer *imagina* vestir essas roupas "de mulher": o que lhes parece antinatural é um fato corriqueiro na Itália. Para Paulo, judeu helenístico e produto de sua cultura, as caracterizações dos sexos são absolutamente "naturais". Ele tem, em geral, ideias fixas sobre a sexualidade humana: os homens penetram, as mulheres são penetradas. Se mulheres copulam com mulheres, supõe-se que uma delas assuma o papel ativo do macho, que é "penetrar". E aos olhos de Paulo isso é "antinatural".

* Aparentemente, o pensamento de Paulo é que a resposta de Deus à teimosia dos gentios em não adorar a Deus e não abster-se de atos antinaturais consiste em deixá-los perpetrar todas as abominações que bem entendam. Em suma, por não respeitarem a primeira lei – ter apenas um Deus, o Deus de Paulo –, estão livres da coerção de qualquer lei divina. A maioria das pessoas não lê o resto da passagem. Paulo retoma, em Romanos 2, a crítica aos judeus cristãos que julgam os gentios. Sua conclusão em Romanos 3 é: sim, os gentios praticam o sexo "antinatural"; sim, vocês pecaram ao julgá-los – portanto, pecaram *todos*, ficando assim destituídos da glória de Deus.

Porque do céu se manifesta a ira de Deus sobre toda a impiedade e injustiça dos homens, que suprimem a verdade em injustiça. Porquanto o que de Deus se pode conhecer neles se manifesta, porque Deus lho manifestou. Porque as suas coisas invisíveis desde a criação do mundo, tanto o seu eterno poder quanto a sua divindade, se entendem e claramente se veem pelas coisas que estão criadas. Portanto, não têm desculpa, pois depois de conhecer a Deus não o glorificaram como tal, nem lhe deram graças, antes em seus discursos se desvaneceram e o seu coração insensato se turvou. Julgando-se sábios, tornaram-se loucos. E mudaram a glória do Deus incorruptível em semelhança da imagem de homem corruptível, e de aves, e de quadrúpedes, e de répteis. Pelo que Deus também os entregou às concupiscências de seus corações, à imundície, para desonrarem seus corpos entre si. Pois transformaram a verdade de Deus em mentira, honrando e servindo mais a criatura do que o Criador, que é bendito eternamente, amém. Assim, Deus os abandonou às paixões infames, pois até suas mulheres mudaram o uso natural indo em contrário à natureza.[17] Do mesmo modo os varões, deixando o uso natural da mulher, se inflamaram em sua sensualidade uns para com os outros, varão com varão, cometendo torpeza e recebendo em si mesmos a recompensa que convinha a tamanho erro.

ROMANOS 1:18-27

106   A SEXUALIDADE NA BÍBLIA

* Hoje, a maioria de nós não pensa sobre os sexos e o erotismo da maneira que pensava Paulo. A passagem em Romanos 1 lembra-nos que, para Paulo, rejeitar a ordem natural divina (tal como a entendia em seu contexto cultural e histórico) e repelir Deus eram uma coisa só. E, como essa passagem ocorre no início da epístola aos Romanos e é sempre citada fora de contexto, torna-se difícil perceber que na verdade ele está lançando um sólido alicerce para a defesa do repúdio cristão à lei mosaica. O ponto principal é: Paulo encara as relações sexuais exatamente da mesma maneira que todos em sua cultura. Os escritos paulinos sobre homoerotismo estão em perfeita consonância com outras obras de homens cultos, pertencentes à elite da época. Mas, se não aceitamos certos conceitos culturais de Paulo sobre moda, cortes de cabelo ou ocupações, por que aceitaríamos seus conceitos culturais sobre sexo?[3]

18 Traduzi a palavra usualmente vertida como "homens efeminados", "homossexuais" ou "pervertidos sexuais" (*malakoí*) levando em conta seu sentido literal: "homens delicados". Não sabemos bem o que Paulo quer dizer com semelhante vocábulo, que talvez seja um coloquialismo local. Quando *malakós* (no singular) aparece em outros textos greco-romanos, alude a homens com traços femininos muito acentuados. Descreve, por exemplo, janotas que dão atenção exagerada ao próprio corpo a fim de seduzir mulheres. Dizer mesmo que Paulo se referia a homens impotentes convém à sua compreensão helenística do sexo e da masculinidade, correspondendo à sua tese da inadequação sexual como ato contrário à natureza.

* Vemos, em Romanos, que Paulo achava o homoerotismo abjeto, algo que os pagãos faziam por não conhecer o Deus verdadeiro e, portanto, a maneira "natural" de agir. Acredito, porém, que ele não considerava o homoerotismo um pecado distinto, como o assassinato ou o adultério, mas antes uma ofensa ao modo como as coisas devem ser, à ordem natural do mundo. Continuamos a promulgar leis que limitam os direitos civis dos homossexuais (assim como, no passado recente, leis que limitavam os direitos dos afro-americanos e das mulheres), baseados em traduções falsas e obscuras. No mínimo, as interpretações alternativas aqui apresentadas mostram até que ponto devemos ser cuidadosos no manuseio da Bíblia. A tradução ou interpretação que conhecemos às vezes não é a única ou a correta.

ORIENTAÇÃO SEXUAL

Acaso ignorais que os injustos não herdarão o reino de Deus? Não vos ludibrieis: nem os devassos, nem os idólatras, nem os adúlteros, nem os homens delicados,[18] nem os ladrões, nem os avarentos, nem os bêbados, nem os maldizentes, nem os larápios herdarão o reino de Deus.

I CORÍNTIOS 6:9-10

108 A SEXUALIDADE NA BÍBLIA

1 A palavra hebraica para "eunuco" e "oficial do exército" é a mesma: *saris*. É traduzida ora de uma maneira, ora de outra, aparentemente sem nenhuma razão para a escolha exceto quando está associada a um dos sexos: se o *saris* serve a uma mulher, a tradução é eunuco; se serve a um homem de condição superior (rei, comandante), a tradução é oficial de exército. Como o título *saris* aparece quarenta e duas vezes na Bíblia hebraica, sempre atribuído a um homem cujo trabalho é controlar outros, estou convencida de que qualquer varão importante a serviço do faraó ou de outro líder provavelmente era eunuco. Essa condição assegurava um alto nível de confiança e exigia extrema devoção da parte do serviçal. Deve ter havido pelo menos quatro, e não dois sexos em certas regiões do mundo antigo: homens e mulheres que reproduziam, e homens e mulheres que, por escolha, não o faziam.

* A conexão entre nossos genitais e nosso sexo (comportar-se como homens ou como mulheres) é das mais complexas. Hoje, talvez pensemos que as coisas são simples assim: "Tenho vagina, sou mulher, portanto devo agir de certa maneira e desempenhar determinados papéis em sociedade" ou "Tenho pênis, sou homem, portanto devo agir de certa maneira e desempenhar determinados papéis em sociedade". No mundo antigo, ter pênis ou vagina não tornava a pessoa, necessariamente, um homem ou uma mulher: era preciso ter uma vagina ou pênis que *funcionasse* para merecer a classificação.

2 Aspenaz comanda todos os serviçais do rei. Ele e seus comandados são, muito provavelmente, eunucos (ver Gênesis 37:36).

3 O rei exige que os melhores e mais inteligentes jovens israelitas sejam trazidos para fazer parte de sua corte no palácio. O próprio Daniel, então, era provavelmente um eunuco, ou pelo menos foi transformado em um na corte da Babilônia; ele era um jovem bem-apessoado, desenvolto e fisicamente capaz destinado a atender aos desejos do rei.

Solteiros e eunucos

E os midianitas o venderam [José], no Egito, a Potifar, eunuco[1] de Faraó e capitão da guarda.

GÊNESIS 37:36

E disse o rei a Aspenaz, chefe de seus eunucos,[2] que trouxesse alguns dos filhos de Israel, e da linhagem real, e dos nobres. Mancebos em quem não houvesse defeito algum, formosos de parecer, e instruídos em toda a sabedoria, sábios em ciência, e entendidos no conhecimento, e que tivessem habilidade para viver no palácio do rei a fim de que fossem ensinados nas letras e na língua dos caldeus. E o rei lhes determinou a ração de cada dia, da porção do manjar do rei, e do vinho que ele bebia, e que assim fossem criados por três anos, para que no fim deles pudessem estar diante do rei.[3] Entre eles

(*continua na p. 111*)

110 A SEXUALIDADE NA BÍBLIA

4 Daniel, jovem física e intelectualmente superior que o rei escolhera a dedo, é também muito devoto em matéria de religião. Embora o monarca lhe reserve comida farta e vinho excelente todos os dias, Daniel pede autorização para ingerir seus próprios alimentos, preparados à sua maneira. Daniel continua *kosher* em meio à afluência e à abundância.

5 A palavra hebraica aqui é *rakham*, que significa um amor profundo, quase materno. Está associada ao ventre, à piedade. É usada na Bíblia para designar um sentimento de proteção: o amor de Deus pela humanidade, o amor da mãe pelos filhos.

6 Mateus nos diz que alguns resolvem ser eunucos por motivos religiosos. Talvez isso aluda à dedicação absoluta outrora exigida pelos reis e agora por Deus. A frase "tornar-se eunuco por causa do reino dos céus" significava, no entender de alguns Pais da igreja primitiva, que certas pessoas podem optar pelo celibato a fim de se aproximar mais de Deus. O vocábulo grego *eunoûkhos*, como o hebraico correspondente, não quer dizer apenas macho castrado, mas também chefe de camareiros. O eunuco é, pois, ao mesmo tempo camareiro e castrado. É um tanto ridículo pensar que o reino dos céus tem um camareiro e que Deus necessita de alguém para controlar o entra-e-sai no local. E como, tipicamente, o eunuco trabalha para o soberano, controlando a sexualidade de suas muitas esposas, nesse caso Deus é o rei e precisa de uma pessoa que ponha freio ao erotismo de suas amantes, os cristãos, considerados metaforicamente as "esposas" do Senhor.

* O mais óbvio, aqui, é o fato de os Evangelhos omitirem quaisquer comentários sobre a vida sexual de Jesus. Um macho judeu típico devia casar-se e ter filhos, pois isso é um sinal da bênção divina. Jesus talvez tenha mesmo permanecido solteiro por uma série de razões, mas isso não preocupa em nada os evangelistas. A sexualidade de Jesus passou a incomodar muitos séculos depois, quando o pecado original se tornou uma preocupação decisiva, uma invencionice teológica contaminada pelo pressuposto cultural de que o sexo é pecaminoso. Eis a lógica: se o sexo é pecaminoso e Jesus é perfeito... bem, nada de sexo para Jesus. De fato, segundo Mateus, Jesus não poderia sequer ter *pensado* em sexo sem pecar.

Solteiros e eunucos

(continuação da p. 109)

se achavam, dos filhos de Judá, Daniel, Hananias, Misael e Azarias. E o chefe dos eunucos lhes pôs outros nomes, a saber: a Daniel chamou Beltessazar, a Hananias chamou Sadraque, a Misael chamou Mesaque e a Azarias chamou Abednego. Mas Daniel resolveu não se contaminar com a porção do manjar do rei, nem com o vinho que ele bebia; portanto, pediu ao chefe dos eunucos que lhe concedesse não se contaminar.[4] E permitiu Deus que Daniel achasse afeto e ternura[5] aos olhos do chefe dos eunucos.

Daniel 1:3-9

Porque há eunucos que assim nasceram do ventre da mãe; e há eunucos que foram castrados pelos homens; e há eunucos que se castraram a si mesmos por causa do reino dos céus. Quem puder receber isso, receba-o.[6]

Mateus 19:12

* Onde está a natureza humana de Jesus? A ideia de um Jesus celibatário carrega nas tintas de sua divindade e dilui sua humanidade. Presumir que ele não tinha esposa é um argumento baseado no silêncio. Se era normal para um judeu se casar, talvez os autores dos Evangelhos hajam achado desnecessário, pura perda de tempo, discutir seu estado civil. No entanto, existia no primeiro século um forte movimento minoritário judeu favorável ao celibato. Pode ser que Jesus estivesse associado a um desses grupos.

* Hoje, não damos empregos com base na capacidade de se reproduzir das pessoas. Todavia, parece-nos familiar ver o cristianismo como um supervisor assexuado.

7 É extremamente comum, na Bíblia, ter um eunuco para supervisionar os negócios mais importantes. Eles se encarregavam de tudo o que um rei ou rainha possuísse de valioso: ouro, joias, escravos, soldados e, principalmente, a sexualidade das mulheres do harém real.

* Paulo prefere o celibato ao matrimônio, mas acha melhor o matrimônio que o comportamento sexual desregrado. Isso não se coaduna bem com a opinião dos autores de I Timóteo, segundo os quais o celibato é uma doutrina demoníaca, ao passo que a salvação pode ser o prêmio de quem se casa e tem filhos. Jesus e Paulo parecem oferecer uma alternativa à visão de Timóteo: o celibato não é mera opção, deve ser preferido ao matrimônio – visão que proporciona a todos, independentemente do grau de sua libido, um lugar honroso no reino de Deus.

SOLTEIROS E EUNUCOS

Ora, havia um homem etíope, eunuco, mordomo-mor de Candace, rainha da Etiópia, que supervisionava todos os tesouros dela.[7] E tinha ido a Jerusalém para adorar.

ATOS 8:27

Mas se não têm autocontrole, casem-se: porque é melhor casar-se que abrasar-se.

I CORÍNTIOS 7:9

114 A SEXUALIDADE NA BÍBLIA

★ A segunda passagem lembra-me um antigo comercial de televisão em que uma mulher canta: "Posso levar o *bacon* para casa e fritá-lo numa panela". Aqui, a mulher é uma supermulher. Compra com prudência; controla o dinheiro; vai para a cozinha antes do amanhecer e prepara a comida de todos; sabe negociar propriedades; é fazendeira; trabalha fora; semeia; é filantropa; veste-se bem, nunca parece desmazelada; zela para que as criadas só tenham roupas boas e quentes. Não bastasse tudo isso, revela apurado senso de humor e chega a dar conselhos aos homens da cidade. Não faz mexericos e é uma mãe perfeita. Mas o que estamos lendo é pura fantasia. Não creio que uma mulher dessas (ou homem, se for o caso) tenha jamais existido. O que mais nos importa no trecho é que a tal mulher não fica confinada ao trabalho doméstico, não é nem submissa nem passiva. Encarrega-se de muitas das tarefas que as mulheres modernas executam: compra propriedades, planta vinhas, dá conselhos oportunos. O autor concebe uma mulher capacitada e à vontade em quaisquer trabalhos: negócios, cuidados de casa, administração, artesanato e por aí além. Mesmo hoje ela seria uma supermulher – e não hesitaríamos em chamá-la de feminista.

Os papéis dos sexos e o travestismo

A mulher não usará roupas de homem e o homem não usará roupas de mulher, pois quem faz tais coisas faz confusão para o Senhor teu Deus.

DEUTERONÔMIO 22:5

Mulher forte, quem a achará? Ela vale mais que rubis. O coração do marido confia nela e nada teme perder. Ela lhe faz bem e não mal, todos os dias de sua vida. Busca lã e linho, e trabalha de boa vontade com as suas mãos. É como o navio mercante: de longe traz o seu pão. Ainda de noite se levanta, e dá mantimento à sua casa, e distribui as tarefas às suas servas. Examina uma herdade e adquire-a; planta uma vinha com o fruto de suas mãos. Cinge seus músculos de força e fortalece seus braços. Prova e vê que é boa a sua mercadoria; e a sua lâmpada não se apaga de noite. Estende as suas mãos ao fuso e as palmas de suas mãos pegam na roca. Abre a sua mão ao aflito; e ao necessitado estende as suas mãos. Não temerá por causa da neve, pois toda a sua casa anda forrada de roupa dobrada. Faz para si tapeçaria; de linho fino e de púrpura é o seu vestido. O seu marido é conhecido nas portas da cidade, quando se senta com os

(continua na p. 117)

1 Essa passagem é um bom exemplo da diversidade dos papéis das mulheres no mundo antigo. Serve-nos de modelo, hoje, quando refletimos sobre todas as coisas que uma mulher é capaz de fazer. Escritos cristãos posteriores (ver Efésios 5:22-33) não reservam às mulheres a mesma autoridade e autonomia que vemos nessa passagem de Provérbios.

2 A estrutura hierárquica do mundo é firmemente estabelecida na igreja cristã primitiva: Cristo, igreja, macho, fêmea. Trata-se também de um modelo que descreve a união amorosa entre marido e mulher. Assim como os autores da Bíblia hebraica viam a relação de Deus com Israel pela metáfora do marido e da mulher (embora essa relação fosse às vezes turbulenta e abusiva), o autor de Efésios, em sua mensagem principal, recomenda que marido e mulher se espelhem no Cristo e na igreja. Mas é uma metáfora às avessas. Os profetas usavam a imagem dos homens para falar sobre Deus; os autores do Novo Testamento usam a imagem de Jesus para falar sobre os homens.

OS PAPÉIS DOS SEXOS E O TRAVESTISMO

(continuação da p. 115)

anciãos da terra. Faz panos de linho fino e os vende; supre de cintas os mercadores. Força e dignidade são as suas roupas, e ri-se do dia futuro. Abre a sua boca com sabedoria, e a lei da beneficência está na sua língua. Olha pelo governo de sua casa e não come o pão da preguiça. Seus filhos se levantam e chamam-na bem-aventurada; e também o seu marido a louva.[1]

PROVÉRBIOS 31:10-28

Vós, mulheres, sujeitai-vos aos vossos maridos, como ao Senhor. Porque o marido é a cabeça da mulher, como Cristo é a cabeça da igreja, de cujo corpo é o salvador.[2] De sorte que, assim como a igreja está sujeita a Cristo, assim também as mulheres sejam em tudo sujeitas aos seus maridos.

EFÉSIOS 5:22-24

118 A SEXUALIDADE NA BÍBLIA

3 O autor da epístola aos Efésios considerava a relação de Jesus com a igreja não apenas terna e amorosa, mas também erótica. As metáforas evocam, especificamente, a união física entre marido e mulher. Esse traço de erotismo na doutrina da igreja primitiva nunca desapareceu. Vemo-lo principalmente nas analogias entre os amantes do Cântico dos Cânticos, de um lado, e Jesus e a igreja, de outro. Alguns místicos gostavam muito da alegoria da cópula de Jesus, o noivo, com sua noiva, a igreja.

* Embora essa passagem de Efésios determine o lugar da mulher na antiga estrutura social do cristianismo e pinte a submissão como um ato de amor... submissão é submissão. Hoje, para algumas mulheres, esse é um conceito duro de engolir. Poucas sancionariam a premissa da superioridade natural do macho e, portanto, não aceitariam o argumento bíblico de que os homens devem mandar nas mulheres porque Deus assim o quis. Por outro lado, algumas mulheres encontram o poder na submissão. É possível usar a Bíblia para legitimar qualquer posição social a que a mulher se preste. O livro dos Provérbios nos diz que ela pode ser forte, sociável e positiva; a epístola aos Efésios quer que ela seja esposa, mãe e serviçal prestimosa do marido e da família. São todas boas escolhas ao alcance da mulher. A Bíblia enfatiza o que a mulher *pode*, não o que *deve* ser.

* A recomendação para que se seja um "bom homem", em Efésios, também não é fácil de engolir. O autor pede que os maridos se sujeitem igualmente às esposas, como Jesus se sujeitou a Deus por amor à igreja. O esposo deve amar a esposa tal como ama a seu próprio corpo.

* O autor de Colossenses acredita que uma "boa" mulher (e uma boa cristã) deve submeter-se à vontade do marido. Uma de minhas filósofas favoritas, Judith Butler, escreve que a sociedade pune aqueles que não agem de conformidade com seu sexo. Punimo-los com palavras depreciativas (veado, puta, sapatão, boneca), prisão (cadeia ou manicômio), estigma social ou negação de certos direitos. Embora a religião, muitas vezes, estabeleça padrões de comportamento civil, social e ético, é difícil, se não impossível, diferenciar entre virtude moral e adequação às expectativas da sociedade. De fato, frequentemente tudo isso vem a dar na mesma. Nossa tendência é etiquetar as pessoas que não seguem os padrões como "más".

(continuação na p. 120)

Vós, maridos, amai vossas mulheres, como também Cristo amou a igreja e a si mesmo se entregou por ela. Para a santificar, purificando-a com a lavagem da água, pela palavra, para a apresentar a si mesmo como igreja virtuosa, sem mácula, nem ruga, nem coisa semelhante, mas santa e irrepreensível. Assim, devem os maridos amar suas mulheres como a seus próprios corpos. Quem ama sua mulher, a si mesmo se ama. Porque nunca ninguém desgostou da própria carne, antes a alimenta e sustenta, como também o Senhor à igreja. Porque somos membros do seu corpo. "Por isso deixará o homem pai e mãe, e se unirá à sua mulher; e serão os dois uma só carne."[3] Grande mistério é esse; digo-o, porém, a respeito de Cristo e da igreja. Assim também vós, cada um em particular, ame sua própria mulher, e a mulher reverencie o marido.

EFÉSIOS 5:25-33

Vós, mulheres, sujeitai-vos a vossos maridos, como convém ao Senhor.

COLOSSENSES 3:18

120   A Sexualidade na Bíblia

(continuação da p. 118)

Segundo esse versículo, a mulher que desobedece ao marido não presta. Seu comportamento é indesculpável. O versículo seguinte (3:19) manda que os maridos tratem bem as esposas. Eu gostaria muito que esse versículo precedesse o primeiro.

1 Há uma regra geral (parece ser um costume anterior ao Levítico) na Bíblia hebraica que diz: se o marido morrer antes que a mulher dê um herdeiro às propriedades do casal, é obrigação do parente mais próximo, quase sempre um cunhado, fazer sexo com ela para que o falecido tenha enfim quem lhe herde os bens. No presente caso, Onã, irmão mais novo do marido morto de Tamar, não pretende lhe dar herdeiro. Se Tamar não tiver filho, o filho do próprio Onã é quem ficará com o patrimônio de seu pai Judá. Assim, num episódio clássico de *coitus interruptus*, Onã retira o membro de dentro de Tamar antes da ejaculação. Deus fica aborrecido com Onã por causa disso e mata-o. Alguns supõem que o fez porque ele desperdiçava seu sêmen. Mas a cólera de Deus se deve mais à desobediência e astúcia de Onã do que a essa espécie de masturbação.

* Pensa-se quase sempre que a passagem aluda à masturbação; e, de fato, é dela que colhemos o termo arcaico para essa prática, *onanismo*. Mas, a meu ver, o trecho não se refere absolutamente à masturbação. Há quem veja nele o repúdio divino ao sexo que não visa à procriação, mas na verdade a Bíblia não proíbe em parte alguma o ato de masturbar-se.

2 "Cobrir os pés" pode ser um eufemismo sutil para masturbação. "Pés" é palavra usada, no mundo antigo, como sinônimo disfarçado de genitais. Alguns interpretam "cobrir os pés" como "aliviar-se", o que talvez se aplique aqui, mas os autores da Bíblia em geral não são pudicos quando falam em urinar. Por exemplo, referem-se aos homens como "aqueles que mijam no muro" (ver I Samuel 25:22; II Reis 9:8). Outra possibilidade é que ele estivesse defecando. Nessa passagem a masturbação parece mais lógica, pois o homem está na privacidade de seu quarto e os servos esperam bom tempo antes de se atreverem a incomodá-lo. O versículo seguinte diz: "e aguardaram até se enfastiar".

3 Quando ela nos diz que estava dormindo, suspeitamos de alguma fantasia sexual. A personagem feminina desses cânticos imagina que seu amante irá visitá-la.

Masturbação

Mas Onã, sabedor de que o filho não seria seu, derramava o sêmen na terra toda vez que entrava na mulher do irmão, a quem desse modo não daria descendência.[1] E o que fazia era mau aos olhos do Senhor, e o Senhor o matou também.

GÊNESIS 38:9-10

Depois que ele se foi, os servos entraram. Ao ver cerradas as portas do quarto, pensaram: "Deve estar cobrindo os pés lá dentro."[2]

JUÍZES 3:24

Eu dormia, mas o meu coração velava. Eis a voz do meu amado, que bate: "Abre-me, irmã minha, amiga minha, pomba minha, imaculada minha, porque tenho a cabeça coberta de orvalho e de meus cabelos escorrem as gotas da noite."[3] Já despi os meus vestidos; como os tornarei

(*continua na p. 123*)

122 A Sexualidade na Bíblia

4 A linguagem é deliciosamente erótica, com inúmeros duplos sentidos e imagens sexuais. Os cabelos escorrendo gotas de orvalho sugerem a umidade dos pelos pubianos, enquanto *pés* é muitas vezes um eufemismo para "genitais", na Bíblia.

5 Essa passagem, com seu erotismo inflamado, é incrivelmente sugestiva em termos de sexo.

* O Cântico dos Cânticos é uma celebração franca do sexo humano. Não menciona Deus, apenas uma atração carnal intensa entre um homem e uma mulher. Muita gente tentou espiritualizar essa obra, vendo nela uma metáfora onde Deus faz o papel de marido e Israel é sua noiva amorosa ou uma "cópula espiritual" entre Jesus e sua prometida, a igreja. Mas devemos ler o texto como uma consagração do desejo, do amor e do sexo.

6 Aqui, Deus acusa a mulher (Jerusalém) de ter derretido o ouro e a prata dados por seu marido, Javé, feito com eles imagens fálicas e se masturbado.

7 "E se contaminou" é provavelmente uma referência à masturbação, ainda que essa atividade, em se tratando de mulheres, a rigor não possa ser assim qualificada. Decerto, tanto homens quanto mulheres podem "se contaminar" simplesmente adorando um ídolo, sem nenhuma implicação de ordem sexual. No entanto, achados arqueológicos de centenas de imagens de divindades em formato fálico tornam bastante plausível a ideia de autocontaminação com ídolos.

MASTURBAÇÃO

(continuação da p. 121)

a vestir? Já lavei os meus pés; como os tornarei a sujar?[4] O meu amado meteu a mão pela fresta da porta e as minhas entranhas estremeceram por amor dele. Eu me levantei para abrir a porta ao meu amado e as minhas mãos destilavam mirra, e mirra meus dedos gotejavam sobre as aldrabas da fechadura.[5] Abri a porta ao meu amado, mas ele já se fora.

CÂNTICO DOS CÂNTICOS 5:2-6

E tomaste as tuas joias de enfeite, que eu te dei do meu ouro e da minha prata, e fizeste imagens de homens, e te prostituíste [fornicaste] com elas.[6]

EZEQUIEL 16:17

Assim cometeu ela as suas devassidões com eles, todos grandes homens da Assíria, e com quantos a atraíam. E com todos os seus ídolos se contaminou.[7]

EZEQUIEL 23:7

1 A nudez não parece incomodar Deus no jardim do Éden – aqui, o que parece problemático é o fato de a pessoa descobrir sua própria natureza.

2 O fato de estar nu diz respeito aos genitais. Essa simples declaração, de que o homem e a mulher colheram folhas de figueira para cobrir as partes, interligou para sempre nudez, sexo e vergonha. Meus alunos sempre perguntam onde eles arranjaram agulha e linha, e quem lhes ensinou a costurar. Os seios nus da mulher não constituem problema: desde que ela cubra os genitais, já não está nua.

3 A imagem de Deus passeando pelo jardim no frescor da tarde é uma das mais impressionantes da Bíblia. Temos aí um retrato íntimo e humano de Deus. O homem e a mulher se esconderam do Senhor, que não sabe onde eles estão. Não é o Deus onipotente e onisciente que em geral encontramos na Bíblia.

4 A nudez faz o homem temer. De novo, o problema não é ele estar nu – é ele ter descoberto a diferença entre estar nu e estar vestido. Ao cobrir sua nudez, o primeiro homem e a primeira mulher optaram por ficar menos vulneráveis a Deus. Essa passagem nos conclama a ser mais acessíveis a Deus e a deixar de parte todas as nossas falhas.

* A expressão hebraica *galah ervah* costuma ser traduzida como "descobrir a nudez", mas refere-se também ao exílio da Terra Prometida por Deus (traduzi como "nu"). Há um jogo de palavras nessa parte da história da criação. Preferindo não se expor a Deus, o homem e a mulher decidem exilar-se de sua presença. Podemos, pois, traduzir o trecho de maneira figurada ou literal: "Deus quer que fiquemos vulneráveis em sua presença" ou "Deus nos quer nus".

Nudez

Então se abriram os olhos de ambos e perceberam que estavam nus;[1] e coseram folhas de figueira, e fizeram para si aventais.[2] E ouviram a voz do Senhor Deus, que passeava no jardim ao frescor da tarde;[3] e escondeu-se Adão, com sua mulher, da presença do Senhor Deus, entre as árvores do jardim. E chamou o Senhor Deus a Adão, dizendo-lhe: "Onde estás?" E Adão respondeu: "Ouvi a tua voz soar no jardim e temi, porque estava nu, e ocultei-me." E Deus disse: "Quem te mostrou que estavas nu? Comeste acaso da árvore de que ordenei que não comesses?"[4]

GÊNESIS 3:7-11

5 Cam, filho mais novo de Noé, entra na tenda, olha para os genitais de seu pai e conta tudo aos irmãos. Sabemos que Cam entrou na tenda, embora a Bíblia não o diga explicitamente, porque ele fala aos irmãos que estavam "do lado de fora". O livro de Levítico ordena que não se "descubra a nudez" do pai. Mas a passagem de Levítico se refere à proibição do incesto – usa o eufemismo "descobrir a nudez" em lugar de "cópula". Olhar, porém, não é proibido. Os dois outros atos são talvez mais perturbadores que o primeiro: Cam entra na tenda de Noé – expressão que constitui, em outras partes da Bíblia, um eufemismo para sexo, e depois vai contar o que sucedeu aos irmãos.

6 Sem e Jafé não olham para os genitais do pai; aproximam-se de costas e cobrem-no.

7 Que fez Cam, afinal? Não fica claro por que Noé se encolerizou tanto contra ele – a menos que a passagem descreva algo mais vergonhoso, sexo. A história apresenta fortes paralelos com o relato incestuoso de Ló e suas filhas (ver p. 187).

8 A arca da aliança ficara guardada na casa de Obed-Edom, cuja família recebeu bênçãos em abundância, e por isso Davi decidiu levá-la para Jerusalém.

9 No versículo 14, Davi veste um éfode (vestimenta sacerdotal, talvez uma espécie de avental ou saiote) e começa a dançar e saltar. Está adorando a Deus em êxtase. Talvez por ciúme, pois todas as moças podem ver-lhe as partes, Mical se enfurece com Davi. O éfode, ao que tudo indica, não esconde os genitais do rei. Ou talvez Mical se agite por ser filha de Saul; seu irmão Jônatas ou os próprios filhos dela é que deveriam reinar em Israel, não Davi.

NUDEZ

[Noé] bebeu vinho e embriagou-se, e descobriu-se no interior de sua tenda. E viu Cam, o pai de Canaã, a nudez de seu pai, e fê-lo saber aos dois irmãos que estavam fora.[5] Então tomaram Sem e Jafé uma capa, e puseram-na sobre ambos os seus ombros, e, indo virados para trás, cobriram a nudez do seu pai, e os seus rostos estavam virados, de maneira que não viram a nudez do seu pai.[6] E quando Noé despertou de seu vinho, soube o que seu filho menor lhe fizera. E disse: "Maldito seja Canaã; há de ser, para seus irmãos, o mais vil dos escravos."[7]

GÊNESIS 9:21-25

Quando a arca do Senhor entrou na cidade de Davi,[8] Mical, filha de Saul, olhou pela janela e viu o rei Davi dançando e saltando diante do Senhor; e enfureceu-se contra ele em seu coração.[9]

II SAMUEL 6:16

128   A SEXUALIDADE NA BÍBLIA

10 Aqui, Mical se mostra sarcástica; censura Davi por exibir suas partes íntimas diante das jovens servas.

11 Davi explica que dançara nu para Deus e ninguém mais. Chega a dizer, a fim de exasperar Mical, que Deus o escolhera em lugar do pai dela.

* Essa passagem insinua, como Gênesis 3:7-11, que talvez Deus nos prefira nus. Davi justifica seu ato de dançar sem roupa em público dizendo que o fizera para Deus.

* Vale notar também que o mesmo comportamento (dançar seminu em êxtase), passível de detenção na rua, pode ser motivo de elogio numa igreja pentecostal. Tamanha é a vergonha associada à sexualidade que a conexão desse ato com as coisas sagradas se perdeu de vez.

E voltando Davi para abençoar a sua casa, Mical, a filha de Saul, saiu-lhe ao encontro e disse: "Quão honrado foi o rei de Israel descobrindo-se hoje aos olhos das servas de seus servos, como sem pejo se descobre qualquer vadio!"[10] Mas Davi respondeu a Mical: "Perante o Senhor, que me escolheu a mim em lugar de teu pai e de toda a tua casa, mandando-me que reinasse sobre o povo do Senhor, sobre Israel, perante Ele é que dancei."[11]

II Samuel 6:20-21

130 A SEXUALIDADE NA BÍBLIA

1 Essa "descarga" é comumente interpretada como uma ejaculação anormal, devida talvez a alguma doença sexualmente transmissível. Levítico 15:16-18 fala especificamente sobre o fluxo seminal "normal", isto é, que ocorre na poluição noturna ou na cópula, mas aqui parece aludir à ejaculação por motivo de doença. Comentaristas tanto cristãos quanto judeus aventaram que os versículos 2-3 se referem ao fluxo blenorrágico.

2 Não se condena a pessoa nem se declara que pecou contra Deus. O homem com esse problema é declarado incapaz de participar do culto comunitário por sete dias seguidos até a "descarga" cessar. Então, no oitavo dia, deverá levar uma oferenda purificadora ao sacerdote, que o declarará limpo e apto para de novo participar do ritual.

3 Aqui, o problema não é que o pênis esteja descarregando; é que esteja funcionando anormalmente. Se o pênis não consegue ejacular, ou ejacula quando não deve, não é propriamente um pênis, um órgão em perfeito funcionamento, como se exigia no antigo Israel (ver Deuteronômio 23:1).

* A Bíblia não diz que as doenças sexualmente transmissíveis (DSTs) constituem pecado. Apenas as vê como uma "impureza" a ser remediada (também as mulheres menstruadas são impuras). A vergonha que hoje acompanha tais doenças às vezes impede que as pessoas procurem o médico ou falem a respeito com seus parceiros. Melhor seria que encarássemos as DSTs como os antigos israelitas: em vez de ficar envergonhados, em silêncio e inativos, eles reconheciam que algo estava errado e faziam as coisas certas para que tudo voltasse à normalidade. O pudor, em matéria de sexo, é mais prejudicial que benéfico.

Doenças sexualmente transmissíveis e anormalidade genital

Qualquer homem que apresentar descarga em seu membro[1] será impuro ritualmente[2] por causa dessa descarga. Esta será, pois, a sua impureza por causa de sua descarga: se seu membro vaza o fluxo ou o estanca, ele é impuro.[3]

LEVÍTICO 15:2-3

132   A SEXUALIDADE NA BÍBLIA

4 Testículos feridos ou esmagados não podem reproduzir. Embora o pênis continue lá, não funciona bem. A palavra hebraica para pênis (*shopkah*) deriva de uma raiz verbal que significa "esguichar" ou "escorrer". O pênis é definido, primariamente, por sua capacidade de ejacular. Pênis que não ejacula não é pênis.

5 A falta de pênis é um problema grave. Considere o seguinte: se Deus é imaginado como macho, e assim de fato aparece em diversas passagens da Bíblia, é quase impossível para quem adota essa visão de mundo tolerar uma "masculinidade imperfeita" perto de Deus (as mulheres são também consideradas machos imperfeitos).

6 O macho sem um pênis íntegro e funcional torna-se semelhante à mulher; portanto, segundo essa linha de raciocínio, afasta-se de Deus.

* Em nossa moderna maneira de pensar, tendemos a definir uma coisa e a aquilatar-lhe o valor por sua função. Nossa cultura define e aquilata o homem por seu pênis e a mulher por seu útero. No caso do homem, existe em geral a obsessão pelo tamanho do órgão, o volume da ejaculação e mesmo a quantidade dos espermatozoides. Em se tratando da mulher, o cristianismo antigo já lhe garantia a salvação com base em sua capacidade de ter filhos (I Timóteo 2:15). Não admira, pois, que hoje a vasectomia – um procedimento simples e seguro – constitua tamanho estigma para os homens. A mensagem sempre foi: se você não tem um pênis completo e em perfeito funcionamento, não é um homem "de verdade". E não surpreende que muitas mulheres, após a remoção do útero, se sintam menos femininas. A mensagem para as mulheres é: seu valor depende de um útero produtivo e em boas condições. Mas não precisamos nos avaliar de acordo com a quantidade de bebês que pomos no mundo. A Bíblia oferece alternativas tanto para homens quanto para mulheres: a mulher talentosa e dinâmica de Provérbios 31; Davi, o amante canoro e saltitante; e o belo e devoto eunuco, Daniel.

Homem algum cujos testículos estejam feridos[4] ou cujo pênis haja sido extirpado[5] será admitido à congregação do Senhor.[6]

DEUTERONÔMIO 23:1

134 A SEXUALIDADE NA BÍBLIA

1 As histórias de crianças nascidas de uniões ilícitas, relações incestuosas ou adultérios são às vezes contadas para denegrir certos povos. Por exemplo, o autor dessa passagem diz que os moabitas e amonitas são bastardos incestuosos. Ainda hoje empregamos o termo "bastardo" para achincalhar uma pessoa de quem não gostamos e o rótulo usualmente nada tem a ver com a realidade de seu nascimento.

2 A palavra "bastardo" (*mamzer*) não tinha na época o mesmo sentido que tem hoje. Em nossos dias, quando falamos de bastardos, referimo-nos a crianças nascidas fora dos laços do casamento. Um *mamzer*, nesse contexto, é o filho de uma mulher que não pode contrair casamento válido com o pai da criança (mas pode contraí-lo com outro homem). O filho do adultério (quando a mulher está casada com quem não é o pai da criança) é um *mamzer*, como *mamzer* é também o filho de um relacionamento incestuoso, pois então seus pais não podem casar-se um com o outro.

3 Alguns dos sacerdotes posteriores ao exílio – Esdras, por exemplo – não reconhecem como legítimo o casamento entre israelitas e estrangeiros.

* O livro de Deuteronômio pode às vezes ser muito duro para com aqueles que não "se enquadram". Esse é apenas um exemplo de que mesmo o descendente longínquo de uma linhagem duvidosa pode ser expulso do culto comunitário. O versículo tem sido usado (de maneira errônea e injusta) para proibir uniões inter-raciais.

Filhos "ilegítimos"

E ambas as filhas de Ló ficaram grávidas de seu pai. E o filho da primogênita se chamou Moabe, que é o pai dos moabitas até ao dia de hoje; e o da menor se chamou Benami, que é o pai dos amonitas até ao dia de hoje.[1]

GÊNESIS 19:36-38

O bastardo[2] [*mamzer*] não será admitido à assembleia do Senhor. Até a décima geração, nenhum de seus descendentes será admitido à assembleia do Senhor.[3]

DEUTERONÔMIO 23:3

136   A Sexualidade na Bíblia

4 Jerusalém, segundo essa passagem metafórica, é a prole ilegítima, o filho não desejado dos amorreus e dos hititas. Ezequiel, sobretudo no capítulo 16, alega que o povo de Jerusalém amargou o exílio porque foi infiel a Deus. A metáfora original de Ezequiel é a de Jerusalém como sra. Jeová. A sra. Jeová sai por aí a trair o marido e fornica com outros deuses. O profeta acha importante mostrar que Jerusalém teve um mau começo – a criança que ninguém queria, é impossível confiar nela, mas Deus o fez, amou-a, aquinhoou-a com grande formosura e riquezas, apesar de sua origem. Segundo Ezequiel, quem mais amaria essa estrangeira malquista? O texto sugere também que Deus ama e acolhe todas as crianças não desejadas.

5 A passagem talvez se refira ao infanticídio, ou seja, ao assassinato de recém-nascidos indesejáveis, mas o mais provável é que aluda ao abandono. Sabemos que o infanticídio ocorria no mundo antigo e ocorre ainda hoje em certas partes do mundo, principalmente quando a criança é do sexo feminino. Entretanto, não há evidência alguma de que os israelitas o praticassem. Flávio Josefo, historiador judeu do século I d. C., declara que seu povo não perpetrava o infanticídio; esse era um costume apenas dos estrangeiros. Portanto, é improvável que Ezequiel, como sacerdote, pensasse no assassinato de uma criança, embora ela fosse ilegítima. Assim, o bebê metafórico a que o profeta alude talvez não seja exemplo de infanticídio, mas de abandono. A criança fora deixada no campo para que pais adotivos se encarregassem dela ou para que caísse em poder de traficantes de escravos ou prostitutas.

* Não raro, de nada nos servem hoje em dia certos costumes da Bíblia. Entretanto, a primeira parte de Ezequiel 16 descreve Deus como o generoso, terno e dedicado pai adotivo de uma criança não desejada. Devemos seguir o exemplo metafórico de Deus e cuidar da criança enjeitada, sujeita à doença, violência, prostituição ou morte. Nem todas elas são suficientemente afortunadas para ter uma segunda chance junto a pais bondosos, como o bebê da alegoria de Ezequiel. O mais provável é que a criança enjeitada leve uma vida de miséria. Nossa tarefa deve ser a de reduzir o número de crianças não desejadas.

Assim diz o Senhor Deus a Jerusalém: "A tua origem e o teu nascimento procedem da terra dos cananeus. Teu pai era amorreu e tua mãe, hitita.[4] E quanto ao teu nascimento, no dia em que nasceste não te foi cortado o umbigo nem foste lavada com água, para tua purificação. Nem tampouco foste esfregada com sal ou envolta em faixas. Não se compadeceu de ti olho algum para, por dó, te prestar esses cuidados. Antes, foste lançada em pleno campo porque, desde o dia em que nasceste, inspiraste aversão.[5]

EZEQUIEL 16:3-5

A sexualidade
da mulher

1 Essa lei deixa bem claro que, na Bíblia, a mulher é considerada proprie-dade: algo que se pode comprar, vender ou trocar. Seu valor consiste na sexualidade. Acusar uma mulher de "não virgindade" é não só uma ofensa sexual como uma crítica ao pai dela, que enganou o noivo vendendo-lhe "mercadoria estragada". Sendo falsa a acusação, o marido acusador tem de indenizar o sogro e perde (para sempre) o direito de divorciar-se. A garan-tia de casamento perpétuo pode nos parecer estranha e até inconveniente quando um dos parceiros odeia o outro; mas talvez representasse alívio e segurança para as mulheres num tempo em que elas necessitavam da pro-teção e da condição honrosa do matrimônio.

2 No mundo moderno, podemos pensar que aqui quem perde é, na verda-de, a mulher. Caso seja inocente, deve não apenas permanecer atada a um homem que a odeia como, publicamente, dar prova de ser virgem. Mas que prova? Alguns estudiosos afirmam que a família requisitaria os lençóis do leito nupcial, com as marcas do sangue da ruptura do hímen. Manchas nos lençóis serviriam de evidência clara de que a mulher era virgem na noite de núpcias. Meus alunos sugerem que os noivos bem poderiam ter de reserva um lençol com manchas de sangue (qualquer sangue) para exibir na ocasião – ainda não havia exame de DNA nem investigação de paternidade. Sem o tal lençol manchado o pai estaria cometendo uma lou-cura e correndo o risco de ver sua filha apedrejada na porta da casa.

* Acho que a lei em si e a descrição completa do espetáculo evitavam a apresentação de queixas – embora esse tipo de assassinato por motivo de honra ainda ocorra em algumas partes do mundo (por exemplo, no Egito, na Jordânia e no Paquistão). Se a mulher é estuprada, os parentes devem dar cabo dela para preservar a honra da família. A punição prescrita nesse trecho é um dos exemplos mais vívidos de como a Bíblia não apresenta soluções para todas as eventualidades modernas. Ela nos orienta em alguns casos, ajuda a constituir comunidades sólidas em outros – mas é produto de uma época diferente, de uma cultura estranha, e nem sempre responde diretamente às nossas necessidades e à nossa maneira de sentir.

Virgindade

Se um homem tomar uma mulher e, depois de entrar nela, passar a odiá-la, imputar-lhe acusações escandalosas e contra ela divulgar má fama, dizendo: "Tomei esta mulher e, quando entrei nela, não encontrei sinais de sua virgindade", então o pai e a mãe da mulher tomarão as provas da virgindade da mulher e as levarão para fora aos anciãos da cidade, à porta. E o pai da moça dirá aos anciãos: "Eu dei minha filha por mulher a este homem, porém ele a odiou. E lhe imputou acusações escandalosas, dizendo: 'Não achei virgem tua filha'. No entanto, eis aqui as provas da virgindade de minha filha."[1] E estenderão o lençol diante dos anciãos da cidade. Então os anciãos dessa cidade agarrarão aquele homem e o castigarão. E o condenarão em cem siclos de prata e os darão ao pai da mulher, porquanto divulgou má fama contra uma mulher de Israel. E será mulher dele a vida inteira, não a podendo despedir. Porém, se for verdade que não se achou virgem a mulher, então a levarão para a porta da casa de seu pai e os homens da sua cidade a apedrejarão até que morra; pois fez loucura em Israel prostituindo-se na casa de seu pai. Assim tirarás o mal do meio de ti.[2]

DEUTERONÔMIO 22:13-21

142   A Sexualidade na Bíblia

* Já no começo de seu Evangelho, Mateus interpreta as profecias hebraicas para afirmar que, em verdade, Jesus é o Messias (em hebraico, *meshiach*, "o ungido de Deus"). Traçando sua genealogia, mostra-nos que Jesus é descendente direto de Abraão e – mais importante ainda, em virtude da profecia messiânica – de Davi. Ora, essa linha até Davi passa por José, não por Maria (Mateus 1:16). Eis uma sólida evidência de que Mateus se preocupa não tanto com a virgindade *técnica* de Maria quanto com as palavras de Isaías, segundo as quais "uma jovem" (em hebraico, *almah*) terá um filho. Se Mateus quisesse dizer que Jesus nasceu miraculosamente de uma virgem *técnica*, não traçaria a linhagem de Jesus por intermédio de José. Mas Mateus pretende mostrar, antes, que há de fato uma conexão entre Jesus e Davi, por isso recorre a Isaías apenas para confirmar que uma jovem (*almah*, não *bethulia* [virgem biológica]) irá conceber. O grego não nos ajuda aqui em muito porque, ao contrário do hebraico, não possui uma palavra específica para "virgem biológica" (em oposição a uma jovem em idade de casar). *Parthénos* serve para ambas.

3 Mateus cita Deuteronômio 22:13-21 (ver acima) para mostrar que, sendo embora honesto e cumpridor das leis, José rejeita a opção do julgamento público para as noivas não virgens e prefere liberar Maria do compromisso matrimonial. Isso indicaria que José é, ou ao menos pensa que é, o pai. Se lançar uma acusação falsa contra a esposa, arrisca-se a perder muito dinheiro. Mas também não parece muito interessado em desposá-la (talvez para proteger a própria honra) até ter o sonho. A alusão de Mateus a Deuteronômio e as mulheres sexualmente suspeitas na genealogia de Jesus sugerem que as pessoas comentavam a gravidez daquela jovem solteira. O sonho de José ordena-lhe que se case com ela de qualquer maneira. A alusão de Mateus a Tamar, Betsabá, Raabe e Rute (1:1-17) lembra-nos, e ao próprio José, que do ventre de mulheres sexualmente suspeitas nasceu o maior dos povos.[4]

4 O sonho reitera que José pertence à Casa de Davi – sugerindo, mais uma vez, que para Mateus José é o pai de Jesus.

VIRGINDADE

Ora, o nascimento de Jesus Cristo foi assim: estando Maria, sua mãe, noiva de José, antes de se ajuntarem viu-se com o Espírito Santo *in utero*. Então José, seu marido, como era justo e não queria infamá-la, planejou liberá-la secretamente dos laços do matrimônio.[3] Mas, enquanto projetava isso, eis que em sonho lhe apareceu um anjo do Senhor, dizendo: "José, filho de Davi,[4] não temas receber a Maria por mulher, porque o que nela está gerado é do Espírito Santo. E dará à luz um filho ao qual porás o nome de Jesus; porque ele salvará seu povo dos pecados."

(continua na p. 145)

144 A SEXUALIDADE NA BÍBLIA

5 Não quer isso dizer que José não fez sexo com Maria antes do sonho. O trecho declara apenas que ele se absteve até o nascimento de Jesus. Há, aqui, uma curiosa variação nos manuscritos. Alguns dizem "até que seu filho nasceu"; outros, "até que seu filho único nasceu"; e outros ainda, "até que seu primogênito nasceu", implicando que outros filhos viriam. A Versão do Rei Jaime fica com "primogênito", enquanto a Nova Versão Padrão Revista contenta-se com "seu filho".

* A doutrina teológica da virgindade de Maria tem pressionado indevidamente as mulheres há séculos. Em vez do acontecimento sobrenatural do nascimento virgem, o que de fato reconforta na história da concepção de Jesus é que as tribulações de Maria são comuns a muitas das mulheres de hoje: ela é jovem, está grávida e não tem marido.

6 Ao contrário do Evangelho de Mateus, onde o primeiro aparecimento de Maria ocorre depois que ela já está grávida, o de Lucas faz o relato da concepção de Jesus. Num estilo que ecoa a retórica sexual da Bíblia hebraica, o anjo "vem" a Maria.

7 Lucas insiste em mostrar que o nascimento de Jesus foi algo especial – ele é concebido pelo Espírito Santo por intermédio de um mensageiro (tal como, na Bíblia hebraica, mensageiros e Deus se unem). Está destinado a salvar Israel. O aspecto técnico da virgindade também não preocupa Lucas: o que ele quer, acima de tudo, é mostrar-nos que Deus engravidou Maria. Para que seja isento de pecado, Jesus não pode nascer do esperma humano, que traz consigo o pecado original.

* A virgindade de Maria, bem com a sua imaculada concepção somente se tornaram importantes a partir de meados do século IV, quando os pais da igreja começaram a se preocupar com a perfeição (impecabilidade) de Jesus à luz da mancha do pecado original.

* Maria, segundo os Pais da igreja, estabelece um padrão para as mulheres. Mas nós julgamos esse padrão impossível: ser boa mãe e permanecer virgem. Há, aqui, palavras muito mais valiosas para as mulheres de hoje

(continua na p. 146)

(continuação da p. 143)

Tudo isso aconteceu para que se cumprisse o que foi dito da parte do Senhor, pelo profeta, que diz: "Eis que uma jovem [*parthénos*] conceberá e dará à luz um filho, e chamá-lo-ão pelo nome de Emanuel, que traduzido é 'Deus conosco'." E José, despertando do sonho, fez como o anjo do Senhor lhe ordenara e recebeu a sua mulher. E não a conheceu até que deu à luz seu primogênito; e pôs-lhe o nome de Jesus.[5]

MATEUS 1:18-25

E, no sexto mês, foi o anjo Gabriel enviado por Deus a uma cidade da Galileia chamada Nazaré, a uma virgem desposada com um varão cujo nome era José, da casa de Davi. E o nome da virgem era Maria. E vindo[6] o anjo a ela, disse: "Salve, agraciada, o Senhor esteja contigo! Bendita és tu entre as mulheres." E ela, ao vê-lo, muito se perturbou com tais palavras e refletia sobre o que significava aquela saudação. E o anjo prosseguiu: "Maria, não temas porque achaste graça aos olhos de Deus. E eis que em teu ventre conceberás e darás à luz um filho a quem porás o nome de Jesus. Ele será grande e chamar-lhe-ão Filho do Altíssimo. O Senhor Deus lhe dará o trono de Davi, seu pai; e reinará eternamente na casa de Jacó e o seu reino não terá fim."[7]

LUCAS 1:26-33

146 A SEXUALIDADE NA BÍBLIA

(continuação da p. 144)

do que a ideia de virgindade e abstinência. O presente de Lucas para nós é uma extensão da apresentação de Maria por Mateus. Lucas enfatiza não só que ela é uma mulher solteira e grávida como exalta a simplicidade e a pobreza das origens de Jesus. Eis uma esperança para as mulheres.

* Uma das implicações dessa história é que as prostitutas parecem fazer parte do cenário do antigo Israel. Visitá-las não era recomendado, mas também não era proibido, segundo o relato (isto é, caso a mulher não pertencesse a ninguém).

1 Tamar, nora de Judá, espera que o sogro lhe dê seu filho mais novo, Selá, por marido tão logo o rapaz tenha idade suficiente. Mas há um problema: ela já desposara (por assim dizer) dois filhos de Judá, mas ambos morreram. Judá, é claro, reluta em lhe entregar o único filho vivo, embora o costume da terra exija isso.

2 Tamar resolve se encarregar pessoalmente do caso: vela a face e senta-se à beira da estrada, esperando a passagem de Judá, que faz uma viagem de negócios. Ele não a reconhece porque Tamar está com o rosto coberto. Pensa que se trata de uma prostituta, de modo que, à típica maneira eufemística da Bíblia, pergunta-lhe quanto cobra para deixá-lo "entrar".

3 A Bíblia de modo algum condena Judá por visitar uma prostituta durante sua viagem de negócios. Talvez porque ele seja solteiro – então, que mal há? Ora, a palavra hebraica aplicada aqui a Tamar é *zonah*, "meretriz", que sugere uma puta de calçada. Boa negociante que é, Tamar pede que ele deixe um depósito de garantia. Ele lhe entrega seu sinete, seu lenço e seu cajado. Isso já é extorquir: seria como, hoje, deixar o cartão de crédito e a carta de motorista nas mãos de uma marafona. Judá parece inexperiente em tais matérias, mas Tamar se mostra boa conhecedora do ofício. Sabe os lugares frequentados pelas prostitutas, sabe cobrar, sabe como garantir o pagamento.

Prostituição

E avisaram a Tamar, dizendo: "Teu sogro vai para Timna, a tosquiar suas ovelhas." Então ela despiu os vestidos de sua viuvez e cobriu-se com o véu, e disfarçou-se, e assentou-se à entrada das duas fontes que estão no caminho de Timna, porque via que Selá já era grande e ela não lhe fora dada por mulher.[1] E vendo-a Judá, teve-a por uma prostituta, porque ela havia coberto o seu rosto. E dirigiu-se para ela no caminho, e disse: "Vem, peço-te, deixa-me entrar em ti." Porquanto não sabia que era a sua nora.[2] E ela disse: "Que darás para que entres em mim?" E ele disse: "Eu te enviarei um cabrito do rebanho." E ela disse: "Dás-me penhor até que o envies?" Então ele disse: "Que penhor é que te darei?" E ela disse: "O teu sinete, o teu lenço e o cajado que tens na mão." Ele deu, e entrou nela, e ela concebeu dele.[3] E Tamar se levantou, e foi-se, e tirou de sobre si o véu, e vestiu os vestidos de sua viuvez. E Judá enviou o cabrito por mão do seu amigo o adulamita, para tomar o penhor da mão da mulher, porém não a achou. E perguntou aos homens daquele lugar, dizendo: "Onde está a sacerdotisa que estava no caminho junto às duas fontes?" E disseram: "Aqui não esteve sacerdotisa alguma." E voltou para junto de Judá, e disse-lhe: "Não a achei;

(continua na p. 149)

148 A SEXUALIDADE NA BÍBLIA

4 Judá envia um amigo para pagar os serviços de Tamar e reaver seus pertences, mas não há ninguém no local. O amigo indaga onde se acha a sacerdotisa – o texto hebraico, aqui, troca *zonah* (prostituta) por *qedasha* (mulher sagrada). Ou Judá não confessou ao amigo que durante a viagem visitara uma prostituta ou essa é uma maneira polida, discreta ou eufemística de perguntar por meretrizes. Ela, obviamente, não será encontrada em parte alguma. Judá se considera enganado e não quer que riam dele.

5 Justamente quando ele já se esquecera do caso, a gravidez de Tamar é descoberta e Judá ordena que seja queimada – embora não se saiba o motivo. Ao saber que é o pai da criança, declara-a mais justa (obediente às leis) do que ele próprio: Tamar seguiu o código segundo o qual a família de Judá precisa dar-lhe um herdeiro, ainda que ela tenha de induzi-lo com artimanhas à prática do sexo. Tamar dá à luz um filho, Perez, cujos descendentes são Davi e, por fim, Jesus (ver Mateus 1:3-6). A história não exalta o cumprimento, a todo custo, das leis; antes nos lembra que não convém julgar apressadamente as pessoas. Se Judá e os outros não concordassem em ouvir o relato de Tamar, não haveria Davi e não haveria Jesus.

* Essa história sobre prostituição, artimanha e obediência às leis nos lembra, muito oportunamente, que as pessoas julgadas sexualmente imorais pela sociedade (no caso, Tamar) às vezes são as mais honestas. Isso eu aprendo todos os dias com meus alunos. Não se pode avaliá-los pelo que vestem (ou não vestem) ou pela quantidade de *piercings* e tatuagens que exibem. Há grandes corações e mentes sob o disfarce da pseudoimoralidade.

PROSTITUIÇÃO

(continuação da p. 147)

e também disseram os homens daquele lugar: 'Não esteve por aqui nenhuma sacerdotisa'." Então disse Judá: "Pois que fique com as coisas, para que não se riam de nós. Enviei o cabrito e não a achaste."[4] E sucedeu que, quase três meses depois, avisaram a Judá, dizendo: "Tamar, tua nora, adulterou e está carregada do adultério." Então disse Judá: "Arrastai-a para fora e queimai-a." E, já fora, ela mandou dizer a seu sogro: "Concebi do varão a quem estas coisas pertencem." E disse mais: "Vê bem de quem é este sinete, e este lenço, e este cajado." E Judá reconheceu os objetos, dizendo: "Mais justa é ela do que eu, porquanto não a dei a Selá, meu filho." E nunca mais a conheceu.[5]

GÊNESIS 38:13-26

150 A SEXUALIDADE NA BÍBLIA

6 À primeira vista, não fica muito claro por que esse versículo deva se enquadrar no tópico da prostituição. Se examinarmos suas várias traduções inglesas, porém, veremos que a palavra hebraica *qedasha* (literalmente "mulher sagrada", isto é, "sacerdotisa") é vertida como "prostituta cultual" e que *qedash* (literalmente "homem sagrado") se torna "sodomita". No feminino, o significado literal de "sacerdotisa" se transforma em "prostituta" porque, na mente dos tradutores, só um homem pode ser sacerdote do culto ao Deus único e verdadeiro. Uma sacerdotisa deve, necessariamente, estar adorando outro deus; é uma idólatra, uma esposa infiel de Deus. A tradução "sodomita" é um tanto maliciosa. Sustentam alguns que a cópula homossexual era prática corrente no culto aos deuses e deusas dos cananeus. Talvez fosse mesmo, mas o termo "sodomita" é provavelmente o antigo equivalente masculino do qualificativo "puta" quando aplicado a uma idólatra.

7 O versículo 18 traz uma lei separada, que não deve ser lida, como em muitas traduções inglesas, em sequência ao versículo sobre sacerdotes e sacerdotisas. As palavras para "prostituta" são diferentes. A primeira significa, ao pé da letra, "mulher sagrada"; a segunda, "puta". A segunda lei limita o tipo de oferenda com que se pagam certos votos na casa do Senhor. Estranhamente, não se proíbe que uma mulher *seja* prostituta; ela só não pode usar o dinheiro que ganha para fazer ofertas a Deus. O significado de "salários de cão" não é claro. A Nova Versão Padrão Revista emprega "salários de prostituto", mas o hebraico fala mesmo em "cão".

* Para não complicar esse ponto com excesso de erudição, vou tentar simplificá-lo: inúmeras acusações e posturas tendenciosas contra a prostituição e o homossexualismo não se encontram no texto hebraico; são, o mais das vezes, produto das interpretações dos tradutores.

8 A palavra "abominação" (literalmente "confusão", "mistura") indica que há algum tipo de mescla indevida de coisas díspares à vista. Por exemplo, levar à casa do Senhor dinheiro de "cão" (o cão era uma oferta proibida), moeda estrangeira ou sacerdote de outro deus se enquadra no versículo.

Não haverá sacerdotisa entre as filhas de Israel, nem haverá sacerdote [de outros deuses] entre os filhos de Israel.[6] Não trarás salário de prostituta nem salário de cão à casa do Senhor teu Deus em paga de qualquer voto:[7] porque ambos são igualmente abominação [confusão] aos olhos do Senhor teu Deus.[8]

DEUTERONÔMIO 23:17-18

152 A SEXUALIDADE NA BÍBLIA

* Como Gênesis 38 (a história de Tamar), essa passagem bíblica também não proíbe a prostituição nem critica as prostitutas.

9 Alguns estudiosos sustentam que os espiões não pretendem fazer sexo com Raabe, a prostituta, mas praticamente todos os eufemismos sexuais da Bíblia aparecem nos três primeiros versículos do trecho: "vir a", "entrar em", "deitar-se com". Josué manda os homens observar "a terra toda", particularmente Jericó – mas a primeira coisa que fazem é ir à casa de uma prostituta. Talvez achassem que ali haveria muitos estrangeiros e eles passariam despercebidos, podendo então obter informações.

PROSTITUIÇÃO

E enviou Josué, filho de Num, dois homens desde Sitim a espiar secretamente, dizendo: "Andai e observai a terra toda, e Jericó." Foram, pois, e entraram na casa de uma mulher prostituta cujo nome era Raabe, e dormiram ali. Então se deu notícia ao rei de Jericó, dizendo: "Eis que esta noite vieram aqui uns homens dos filhos de Israel, para espiar a terra." Pelo que enviou o rei de Jericó um mensageiro a Raabe, dizendo: "Tira fora os homens que vieram a ti e entraram na tua casa, porque vieram espiar toda a terra."[9] Porém aquela mulher tomou a ambos aqueles homens e os escondeu, dizendo: "É verdade que vieram uns homens a mim, porém eu não sabia de onde eram. E aconteceu que, na hora de fechar a porta, sendo já escuro, aqueles homens saíram, mas não sei para onde foram. Ide procurá-los depressa porque os alcançareis." Porém ela os tinha feito subir ao telhado e os tinha escondido entre as canas de linho, que ali pusera em ordem. E os homens do rei foram atrás deles pelo caminho do Jordão até os vaus. E, depois que saíram, fechou-se a porta. E antes que os refugiados dormissem, ela subiu até eles no telhado, dizendo-lhes: "Bem sei que o Senhor vos deu esta terra e que o medo de vós nos assaltou. Os moradores daqui estão assustados convosco. Com efeito, temos ouvido que o Senhor secou as águas do mar Vermelho diante de vós, quando saíeis do Egito, e o que fizestes aos dois reis dos amorreus, a Seom e a Ogue, que estavam além do Jordão, os quais destruístes. Ouvindo isso, desfaleceu nosso coração e em ninguém há mais ânimo algum por causa da vossa presença: porque

(continua na p. 155)

154   A Sexualidade na Bíblia

10 Raabe sabe quem são os homens e, em sua fala, diz-lhes que todos estão com medo deles e de seu Deus. Esconde-os dos emissários do rei e faz um acordo com eles: não os denunciará como espiões se os israelitas protege-rem-na, e à sua família, quando destruírem Jericó.

11 Essa simples declaração já nos diz muito sobre Raabe. Esclarece que, por um motivo qualquer, ela não é leal ao rei; tem uma casa grande e bo-nita, propriedade exclusivamente sua (ver Josué 2:3 – o rei diz: "Tragam os homens que vieram a ti, que entraram em tua casa"); é esperta (esconde os recém-chegados antes, para mostrar que podem confiar nela); e, mais importante ainda, tem família grande de quem parece ser protetora e pro-vedora. Não é o tipo de coisa que esperaríamos ler na Bíblia a respeito de meretrizes.[5]

12 Como sinal para o exército israelita conquistador, ela dependura um cordão vermelho na janela para identificar sua casa (não foi a última vez que o vermelho assinalou as casas das prostitutas). Vemos em Josué 6:28 que Raabe e toda a sua família foram salvas conforme o prometido. Ela é levada para junto do povo de Israel e a Bíblia omite qual tenha sido seu ofício daí por diante. Até onde sabemos, Raabe continuou prostituta. Tra-dições posteriores a dão por esposa de Josué, portanto ancestral de Jere-mias e Hulda.

* Com respeito à prostituição, o pressuposto parece ser que alguns ho-mens podem ou mesmo estão qualificados para, ocasionalmente, visitar uma prostituta. Embora a prostituta seja uma pária da sociedade, está sempre presente e disponível para os homens, mesmo na Bíblia. Como veremos nas passagens seguintes, os textos bíblicos só falam negativamen-te das prostitutas quando seu ofício está associado ao culto de outros deu-ses. Significará isso que os homens, hoje em dia, estão livres para ir ao bordel? Convém lembrar que falamos de uma cultura estranha, existente há mais de dois mil anos. Embora a Bíblia não critique os frequentadores de bordéis, os homens que o fazem mostram-se discretos – envergonha-dos? – quanto a isso (lembremo-nos de Judá em Gênesis 38). As atitudes de Israel a respeito de prostitutas e liberdade sexual masculina, que vemos na Bíblia, não servem para todos no mundo moderno.

PROSTITUIÇÃO

(continuação da p. 153)

o Senhor vosso Deus é Deus nos céus e na terra.[10] Agora, pois, jurai-me, vos peço, pelo Senhor, a mim que vos fiz beneficência, que vós também fareis beneficência à casa de meu pai e dai-me um sinal certo. De que dareis a vida a meu pai e minha mãe, como também a meus irmãos e irmãs, com tudo o que têm, e de que livrareis nossas vidas da morte."[11] Então aqueles homens responderam-lhe: "A nossa vida responderá pela vossa até a morte, se não denunciares este nosso negócio, e então sucederá que, dando-nos o Senhor esta terra, usaremos contigo de beneficência e de fidelidade." Ela então os fez descer por uma corda pela janela, porquanto a sua casa estava sobre o muro da cidade e era sobre esse muro que ela morava. E disse-lhes: "Ide ao monte para que, porventura, vos não encontrem os perseguidores, e escondei-vos lá três dias até que os perseguidores voltem. Depois, tomai vosso caminho." E disseram-lhe aqueles homens: "Cumpriremos o juramento que nos fizeste jurar. Quando viermos aqui, atarás este cordão escarlate à janela por onde nos fizeste descer;[12] e recolherás em casa contigo a teu pai e tua mãe, teus irmãos e toda a família de teu pai. Qualquer que sair da casa, recaia-lhe sobre a cabeça seu sangue, pois nós não teremos culpa alguma; mas qualquer que permanecer contigo em casa, recaia sobre nossa cabeça seu sangue, se alguém lhe deitar mão. Porém, se tu denunciares este nosso negócio, ficaremos desobrigados do juramento que nos fizeste jurar." E ela disse: "Seja conforme às vossas palavras." Despediu-os então e eles se foram; e ela atou o cordão escarlate à janela.

JOSUÉ 2: 1-21

156   A Sexualidade na Bíblia

13 Paulo usa, aqui, uma imagem que repete sempre: a comunidade dos fiéis é o corpo de Cristo. Cada pessoa é um membro ou parte do corpo de Jesus. Uma vez que essa referência a "membro" aparece no meio de uma comprida lição sobre a pureza, com ênfase no alimento e no erotismo, Paulo ousa ser um pouquinho mais explícito sexualmente nessa passagem, tentando levar-nos a imaginar que cada um de nós é o pênis de Jesus: portanto, não importa a mulher com quem façamos sexo, usamos o pênis de Jesus para penetrá-la. Essa imagem é validada pela referência de Paulo ao fato de duas pessoas se tornarem uma só carne graças à cópula.

* Seria difícil, se não impossível, encontrar uma referência bíblica que proíba o homem de frequentar meretrizes. O que mais se aproxima disso é a advertência de Paulo segundo a qual tudo o que fizermos com o nosso corpo estaremos fazendo com o corpo de Jesus. Ao contrário dos autores da Bíblia hebraica, Paulo considera a frequência às prostitutas uma espécie de perversão sexual. Sua postura assinala uma mudança decisiva com respeito à mentalidade antiga, para a qual os homens de elite têm o direito de ir ao bordel. Paulo não se deixa levar pela tese do crime sem vítimas. A seu ver, o que a pessoa faz afeta a comunidade inteira. A imoralidade sexual de um polui e deprecia todos.

Não sabeis que vossos corpos são membros[13] de Cristo? Pois então irei eu tomar os membros de Cristo e transformá-los em membros de rameira? Nunca! Não sabeis que quem se une a uma prostituta se torna um corpo só com ela? Ouvistes o que foi dito: "E os dois serão uma só carne."

I CORÍNTIOS 6:15-16

1 O sangue é, como a água, uma dessas coisas aceitáveis na quantidade certa e no lugar conveniente, mas perigosas em quantidade excessiva e no lugar errado. Na melhor das hipóteses, o sangue menstrual é ambíguo. Por um lado, sai do corpo da mulher a intervalos regulares. É, pois, uma coisa normal.

2 Por outro, é sangue que não fica no corpo onde deveria ficar. É em torno dessa ambiguidade que vemos acirrarem-se as preocupações religiosas: normas, tabus, rituais e remédios. Todas essas medidas servem para tentar controlar algo que parece incontrolável. Quando estamos à mercê do mundo que nos cerca, tudo o que é incontrolável é perigoso.

3 Essa passagem não proíbe o coito com uma mulher menstruada, mas reflete a ansiedade causada pela menstruação. Essa ansiedade, na maioria das tradições religiosas, se expressa ou por proibição terminante e separação física ou por medidas que visam recolocar as coisas em seus devidos lugares.

4 Essa é a única passagem, na Bíblia, que proíbe o coito com uma mulher menstruada.

* Eis uma das perguntas mais intrigantes relativamente a essa passagem que fala da impureza das mulheres menstruadas: ela reflete o "mundo real" ou o mundo dominado pela classe sacerdotal israelita? Embora alguns estudiosos concluam que as mulheres ficavam fisicamente isoladas da comunidade durante o período menstrual, o texto não confirma isso. Diz apenas que, se alguém entrar em contato com uma delas, ficará contaminado por certo tempo e precisará lavar-se. Mas como saber se a mulher está menstruada? Terá ela de exibir algum sinal? Todas as mulheres sangram nos mesmos dias todos os meses?

Menstruação

Mas a mulher, quando tiver fluxo, e o seu fluxo for o normal[1] de seu corpo, ficará sete dias na impureza e qualquer que a tocar será imundo até a tarde. E tudo aquilo sobre o que ela se deitar durante a impureza será imundo; e tudo sobre o que se assentar será imundo. E qualquer que tocar a sua cama lavará as suas roupas, e se banhará com água, e será imundo até a tarde. E qualquer que tocar alguma coisa sobre a qual ela se tiver assentado lavará as suas roupas, e se banhará com água, e será imundo até a tarde. Se também alguma coisa estiver sobre a cama ou sobre o vaso em que ela se assentou, se alguém a tocar, será imundo até a tarde.[2] E se um homem se deitar com ela e a imundície dela ficar sobre ele, imundo será por sete dias; e também toda cama sobre que se deitar será imunda.[3]

Levítico 15:19-24

Não te aproximarás de uma mulher para descobrir-lhe a nudez enquanto ela estiver em sua impureza menstrual.[4]

Levítico 18:19

160 A SEXUALIDADE NA BÍBLIA

1 O "dano", aqui, é o dano duradouro, adicional ao aborto em si: por exemplo, se ela se fere de modo a não poder conceber mais ou, mesmo, se vem a morrer.

2 A lei presume que o dano à mulher seja provocado por outro homem e não por seu marido. Este, no espírito da lei, é seu proprietário. Se um marido violento ferir acidentalmente (ou intencionalmente) a esposa, provocando-lhe o aborto, não pagará multa alguma porque prejudicou o que é seu.

3 Se a mulher for gravemente ferida ou morrer, o marido deverá ser indenizado pela perda. Aqui a Bíblia decreta sem rebuços "vida por vida", mas não esclarece se apenas no caso do aborto; isso implica que o autor da passagem não considera a morte do feto uma perda de vida, já que essa perda não precisa ser compensada por outra.

* Um debate candente em torno do aborto é se a criança não nascida deve ser considerada ou não um ser humano. Os autores dessa passagem de cunho jurídico não acham que o feto seja um ser humano separado.

* Essa passagem de Números pode ser a descrição primitiva de uma droga abortiva, de uma extração menstrual ou de uma contracepção de emergência. Se um homem suspeita que sua mulher o andou traindo, mas não tem provas (ou se ela está grávida e ele não sabe se o filho é seu), pode levá-la à presença do sacerdote, onde se fará o "juramento da água amarga". A mulher é conduzida para junto do altar, seus cabelos são soltos (para sugerir o desregramento sexual?) e ela empunha a oferenda de cevada, sinal de culpa. Então o sacerdote apanha pó ou cinzas do chão do altar e mistura-os com água limpa. Supostamente, caso a mulher se tenha deitado com outro que não o seu marido, toda sorte de coisas estranhas acontecerá em seu corpo.

Contracepção, aborto induzido e aborto espontâneo

Se alguns homens brigarem e ferirem uma mulher grávida, e ela abortar sem outro dano,[1] o causador do aborto será multado conforme o que o marido da mulher determinar e pagará ao marido conforme o que os juízes determinarem.[2] Se houver algum dano, então seja vida por vida.[3]

ÊXODO 21:22-23

"Dize ao povo de Israel: quando a mulher de algum se desviar e prevaricar contra ele, tendo outro homem se deitado com ela sem que o saiba o marido, e ela o houver ocultado, e, contaminada embora, não se apresentar contra ela testemunha nem for apanhada no ato. E o espírito dos ciúmes cair sobre ele e ele se enciumar da mulher que se contaminou; ou se sobre ele cair o espírito dos ciúmes e ele se enciumar da mulher que não se contaminou, então aquele varão trará sua mulher perante o sacerdote. E, juntamente, trará a sua oferta por ela: um décimo de efa de farinha de cevada, sobre a qual não deitará azeite, nem sobre ela porá incenso, porquanto é oferta de manjares de ciúmes, oferta memorativa, que traz na memória a iniquidade.

(*continua na p. 163*)

4 O texto hebraico é vago nesse ponto, talvez mesmo coloquial ou eufemístico. Por exemplo, a "coxa" dela descairá. A palavra *yarek* costuma ser traduzida por "coxa", "virilhas" ou "haste", no caso do homem. Só em dois lugares *yarek* se refere a mulheres: Números 5 e Cântico dos Cânticos 7:1, onde se lê "as curvas de tuas coxas são como joias". O juramento prossegue dizendo que o "ventre" da mulher "inchará". Também aqui o sentido é vago. *Beten* traduz-se em latim por *cunnus* (genitais femininos) e em nossa língua por "ventre" ou "útero". Assim, não se sabe se o ventre ou o útero inchará ou se os genitais, de algum modo, ficarão túmidos ou distendidos.

CONTRACEPÇÃO, ABORTO INDUZIDO E ABORTO ESPONTÂNEO   163

(continuação da p. 161)

E o sacerdote a fará chegar e a porá perante a face do Senhor. E o sacerdote tomará água santa num vaso de barro; também tomará o sacerdote do pó que houver no chão do tabernáculo e o deitará na água. Então o sacerdote apresentará a mulher perante o Senhor e soltará os cabelos da mulher; e a oferta memorativa de manjares, que é a oferta dos manjares dos ciúmes, porá sobre as suas mãos, e a água amarga, que traz consigo a maldição, estará na mão do sacerdote. E o sacerdote conjurará e dirá àquela mulher: 'Se ninguém contigo se deitou e se não te apartaste de teu marido pela imundície, destas águas amargas, que amaldiçoam, serás livre. Mas se te apartaste de teu marido, e te contaminaste, e algum homem fora teu marido se deitou contigo', então o sacerdote conjurará a mulher com a conjuração da maldição e dirá à mulher: 'O Senhor te ponha por maldição e por conjuração no meio de teu povo, fazendo-te o Senhor descair os genitais e inchar teu ventre. E esta água que amaldiçoa penetre nas tuas entranhas para te fazer inchar o ventre e te fazer descair os genitais.'[4] Então a mulher dirá: 'Amém, amém.' Depois o sacerdote escreverá essas mesmas maldições num livro e com a água amarga as apagará. E a água amarga, que amaldiçoa, dará a beber à mulher, e a água amarga, que amaldiçoa, entrará nela para amargurar. E o sacerdote tomará a oferta de manjares dos ciúmes da mão da mulher e

(continua na p. 165)

164   A Sexualidade na Bíblia

5 Além disso, se ela for inocente, o texto diz que nada disso acontecerá; a mulher precisará apenas "lavar-se" e poderá conceber.

* Eis o que penso estar acontecendo aqui: a mulher está grávida e o marido suspeita que o filho não é seu ou simplesmente não quer a criança. Leva-a ao sacerdote a fim de obter uma droga abortiva ou uma extração menstrual. A mistura amarga que ela tem de ingerir provoca aborto ou sangramento menstrual, ou seja, a parede de seu útero se desprende. Todos os sintomas descritos em Números 5 são extremamente parecidos aos que ocorrem quando a mulher toma os medicamentos Cytotec ou Misopristol, drogas abortivas. O Misopristol, de sabor amargo, provoca sangramento, cãibras, inchaço e por fim a soltura das paredes do útero. O princípio químico ativo no Misopristol é a prostaglandina, encontrada naturalmente em todo tecido mamário gorduroso, mas com concentração maior no fígado de vaca e nas vesículas seminais do carneiro.

* Modos de controlar a fertilidade e abortar crianças indesejáveis estavam sem dúvida à disposição das mulheres do antigo Israel. É certamente discutível, mas não despropositado, tomar o relato em Números 5 como exemplo dessas práticas. A melhor pergunta é: a tal cerimônia ocorre mesmo ou não passa de um ritual recomendado para a ocasião? Ecoa a visão ideal que os sacerdotes têm do mundo ou descreve fatos reais? Seja como for, a passagem revela ao menos um certo conhecimento prático das funções reprodutoras da mulher e a tentativa de controlá-las quer por meio de drogas, quer pelo medo de ingeri-las.[6]

(continuação da p. 163)

agitará a oferta de manjares perante o Senhor; e a depositará no altar. Também o sacerdote tomará um punhado da oferta de manjares, da oferta memorativa, e sobre o altar o queimará; e depois dará a beber a água à mulher. E, havendo-lhe dado a beber aquela água, será que, se ela se tiver contaminado, e contra seu marido tiver prevaricado, a água que amaldiçoa entrará nela para amargura, e o seu ventre se inchará, e descairão seus genitais; e aquela mulher será maldição no meio do seu povo. Mas se a mulher não se tiver contaminado e se achar limpa, então será livre e gerará filhos.[5] Essa é a lei no caso dos ciúmes quando a mulher, em poder do marido, se desviar e for contaminada. Ou quando sobre o homem cair o espírito dos ciúmes e ele se enciumar de sua mulher, apresente-a perante o Senhor e o sacerdote lhe aplicará toda essa lei. O homem será inocente, mas a mulher carregará sua culpa."

NÚMEROS 5:11-31

166 A SEXUALIDADE NA BÍBLIA

* Esse belo salmo exalta Deus não só pelo ato da criação, mas também pela complexidade dos seres humanos. Embora possamos ser toscos, sem nenhum potencial óbvio, Deus sabe tudo o que nos acontecerá. O versículo é compreensivelmente invocado pelos defensores da vida (militantes contrários ao aborto) como "prova" de que o feto já é plenamente humano, com uma vida já programada.

6 A palavra *golem* foi traduzida em algumas versões como "feto" ou "embrião". É o único lugar em que aparece na Bíblia, mas ocorre diversas vezes no Talmude, onde assume o sentido de "substância informe [grosseira]", que adotamos aqui. Nos escritos dos místicos judeus, refere-se à potencialidade não física das pessoas.

7 Esse salmo reconhece a maravilha da criação divina e celebra a confiança de Deus em que nos tornaremos seres humanos completos e autênticos; e deleita-se na ideia de que, embora não tenhamos a menor pista de nosso futuro, Deus a tem. Esse elogio da complexidade humana e das maravilhas divinas não deve ser reduzido a simples material bombástico de propaganda.

Pois criaste meus rins; entreteceste-me no ventre de minha mãe. Eu te louvarei por ter sido formado de um modo tão terrível e tão maravilhoso. Magníficas são as tuas obras e tu me conheces muito bem. Minha força não te era desconhecida quando eu estava sendo feito num lugar oculto, intricadamente elaborado nas funduras da terra. Teus olhos viam minha substância informe [*golem*];[6] e no teu livro foram escritos, um por um, os dias que estavam sendo formados para mim, quando ainda nenhum deles existia.[7]

SALMO 139:13-16

168   A Sexualidade na Bíblia

■ Também esse salmo é invocado pelos militantes contrários ao aborto. Diz-nos que, quando escolhe alguém para profeta, Deus o faz muito antes de sua concepção. O versículo não se aplica a todas as concepções, embora fosse maravilhoso que cada criança estivesse destinada a ter o amor e a segurança reservados a quem Deus aquinhoa com o dom da profecia.

■ Um dos problemas de recorrer a um versículo como Jeremias 1:5 e à passagem dos Salmos para condenar o aborto é que os usamos para condenar e denegrir a mulher que opta por essa medida. Embora não possamos (e não devamos) recorrer à Bíblia para tirar conclusões definitivas sobre o aborto – pois nela nem a palavra nem o fato são mencionados especificamente –, alguns trechos podem ser valiosos em muitas situações que ocorrem antes, durante e depois de uma experiência dessas. Por exemplo, se uma mulher se preocupa com a constância de Deus e os limites do perdão divino, deve considerar Romanos 8:38 (nada separa Deus de nós), Salmo 139:1-3 (Deus compreende nossos atos) ou Mateus 18:21-22 (a infinita clemência de Deus). Além disso, há na Bíblia histórias de pessoas virtuosas, pessoas de Deus que foram condenadas e discriminadas por uma comunidade incapaz de perceber quão misteriosos são os caminhos do Senhor. Na Bíblia, mulheres a quem a sociedade julgou e considerou sexualmente suspeitas são, muitas vezes, aquelas por meio das quais Deus atua: Tamar em Gênesis 38; Raabe em Josué 2 e talvez mesmo Maria, mãe de Jesus. Imagine-se como tagarelaram seus vizinhos ao notar que Maria, jovem e solteira, engravidara sem, conforme alegava, nunca ter feito sexo com homem.

Antes de te formar no ventre materno eu já te conhecia. E antes de nasceres eu te pus de parte, destinando-te a profeta das nações.

JEREMIAS 1:5

Sexualidade destrutiva

1 Se essa é uma narrativa de estupro, é uma narrativa muito estranha. Diná não nos conta nada sobre o que aconteceu e por isso não podemos avaliar o caso. Só ficamos sabendo o que o narrador nos conta: que o príncipe a viu, tomou-a e deitou-se com ela. Ambos os verbos, "tomar" e "deitar-se", são eufemismos bíblicos para sexo, mas não significam necessariamente estupro, quando então se acrescentaria "tomou-a *à força*". (Ver esse exemplo em minhas notas sobre a tradução).

2 A descrição dos sentimentos de Siquém por Diná não descarta o estupro, que no entanto parece bastante improvável. Sem o testemunho de Diná, não se pode dizer que ela tenha sido possuída contra a vontade. A resposta de Siquém a Diná é o oposto da de Amnom a Tamar, depois que a violenta (II Samuel 13:2-16). Siquém ama Diná, mas Amnom odeia Tamar.

* Nessa passagem sobre o desejo de Siquém por Diná e o contato sexual dos dois falta uma voz importante: a de Diná. Não ficamos sabendo, com certeza, o que lhe aconteceu. Siquém "viu-a e tomou-a", o que sem dúvida não condizia com os costumes dela, mas não estou convencida de que "estupro" seja a palavra adequada aqui. O que podemos depreender da passagem é que as circunstâncias dos contatos sexuais nem sempre são tão claras quanto gostaríamos que fossem. A linha entre sexo consensual, sexo relutante e sexo forçado é tênue para todos, menos para a mulher (e muitas vezes, na hora do sexo, até ela pode ficar confusa). Quando não ouvimos claramente a voz da mulher envolvida, não conseguimos saber em que categoria deverá ser enquadrada a situação sexual.

3 O versículo anterior, Deuteronômio 22:24, estabelece que quando um homem e a noiva de outro são apanhados em pleno ato sexual na cidade, ambos devem morrer. Presumem os autores que, se ela gritasse, alguém a ouviria, portanto o sexo deve ter sido consensual (não se podendo falar, no caso, de estupro). A questão capital, nessa passagem, é que a sexualidade da mulher pertence a outrem. Pensa-se, pois, que ela tenha sido forçada a copular com o estranho (já que não há testemunhas e ninguém a ouviu gritar, é impossível saber se o ato foi consensual ou não).

Agressão sexual, estupro e violência doméstica

E saiu Diná, filha de Léia, que esta concebera de Jacó, a visitar as filhas da terra. E Siquém, filho de Hemor, o heveu, príncipe daquela terra, viu-a e tomou-a, e deitou-se com ela, e humilhou-a.[1] E apegou-se sua alma com Diná, filha de Jacó, e amou a moça, e lhe falou afetuosamente.[2]

GÊNESIS 34:1-3

E se algum homem no campo achar uma moça noiva, e o homem a forçar, e se deitar com ela, então morrerá só o homem que se deitou com ela.[3] Porém à moça não farás nada; a moça não tem culpa de morte porque, como o homem que se levanta contra o seu próximo e lhe tira a vida, assim é este negócio. Pois a achou no campo e a moça desposada

(continua na p. 175)

174 A Sexualidade na Bíblia

4 Esta lei não é para proteger ou indenizar a mulher. O estupro não constitui ofensa sexual a ela, mas sim um ato lesivo contra seu pai, marido ou noivo: mero crime contra a propriedade. A lei procura garantir que o terceiro envolvido (marido ou noivo da moça) seja compensado pelos danos (honra e dinheiro). Aplicar essa e outras passagens bíblicas sobre estupro de mulheres às situações de hoje não faria sentido. Embora, muitas vezes, levemos a vítima de estupro ao tribunal, como acontecia nos tempos bíblicos, o objetivo não é fazer justiça a ela. Nesse trecho, os autores também não estão interessados em fazer justiça à mulher, cuja honra, em todo caso, nunca poderá ser remida: o que querem é indenizar economicamente o dono de uma propriedade danificada.

5 Se essa história lhe parece familiar, consulte Gênesis 19, o episódio da destruição de Sodoma. Nos dois casos, viajantes passam por uma terra estrangeira e recebem generosa hospitalidade de um velho, que os faz entrar e festeja com eles. Então, homens perversos (e aqui a Bíblia é clara quanto ao seu sexo, contrariamente à história de Sodoma, onde a multidão é mista) ordenam que o visitante seja trazido para fora. O velho lhes oferece tanto a própria filha quanto a concubina do hóspede, valendo-se de sua prerrogativa de dono da casa. Ele considera o estupro das duas mulheres uma "loucura" mais branda que a violência contra seu hóspede.

6 O levita agarra sua concubina, entrega-a à turba e... vai dormir? A turba estupra-a a noite inteira, até o raiar do dia.

7 Ela só consegue chegar até a porta, onde cai por terra com a mão na soleira. E seu dono, não vai ver como ela está? Não a ouve gemer lá fora? Nem parece ligar para o que lhe aconteceu.

AGRESSÃO SEXUAL, ESTUPRO E VIOLÊNCIA DOMÉSTICA

(continuação da p. 173)

gritou, mas não houve quem a livrasse. Quando um homem achar uma moça virgem, que não for casada, e pegar nela, e se deitar com ela, e forem apanhados, então o homem que se deitou com ela dará ao pai da moça cinquenta siclos de prata; e porquanto a humilhou, ela será sua esposa: não a poderá despedir até o fim de seus dias.[4]

DEUTERONÔMIO 22:25-29

Então disse o velho: "A paz esteja convosco. Tudo o que te faltar fique ao meu cargo, apenas não passes a noite na praça." E trouxe-o à sua casa, e deu de pastar aos jumentos; e, lavando-se os pés, comeram e beberam. Estando eles alegrando o seu coração, eis que os homens daquela cidade (homens que eram filhos de Belial) cercaram a casa, batendo à porta; e falaram ao velho, dono da casa, dizendo: "Traz para fora o homem que entrou em tua casa, para que o conheçamos." E o dono da casa saiu e lhes disse: "Não, irmãos meus, não façais semelhante mal; já que este homem entrou em minha casa, não cometais tamanha loucura. Eis que a minha filha virgem e a concubina dele vos trarei; humilhai-as a elas e fazei delas o que parecer bem a vossos olhos; mas a este homem não façais loucura semelhante."[5] Porém aqueles homens não o quiseram ouvir. Então aquele homem pegou da sua concubina e a levou para fora; e eles a conheceram e abusaram dela toda a noite até pela manhã;[6] e, ao amanhecer, a deixaram. E ao romper do dia veio a mulher e caiu à porta da casa daquele homem, onde estava seu senhor, e ali ficou até que se fez claro.[7]

(continua na p. 177)

176 A Sexualidade na Bíblia

8 Ele apenas dá com ela por acaso, quando abre a porta de manhã. Não quer saber se a mulher está bem, ferida ou mesmo viva. Onde está sua compaixão? Apenas lhe ordena: "Levanta-te."

9 A mulher não responde; estará morta? Não sabemos, porque o levita não a examina. Mas rezamos para que esteja quando ele apanha o machado, corta-a até os ossos e manda os pedaços às tribos de Israel.

* Muitas vezes, nessas histórias, a mulher é um símbolo de Israel. Penetram-na à força, violentam-na, esquartejam-na. Depois dessa passagem, em Juízes 20:20, Israel é dilacerado pela guerra civil.

* De novo, vemos que a agressão sexual às mulheres não tem nenhuma consequência séria na Bíblia. O que se deve proteger, acima de tudo, é a honra masculina. Na Bíblia, os homens não são punidos especificamente por abuso sexual contra as mulheres; os crimes de estupro e agressão sexual constituem metáforas (sugerindo que essas eram ocorrências comuns na terra), ao passo que as mulheres arcam com a culpa das transgressões libidinosas dos homens. Semelhante atitude pode ser responsabilizada pela negligência de nossa própria sociedade em processar e punir os homens que cometem violência sexual. Ainda no século passado, presumia-se que o marido tivesse o direito de castigar fisicamente a esposa. Essa postura reflete a da Bíblia, que pouco faz para corrigir tamanha enormidade. Conclusão: as Escrituras, como manual de felicidade doméstica, nem sempre servem para o mundo moderno.

10 Amnom quer "fazer algo" com Tamar. Poderia apenas amá-la, mas seu amor é do tipo que exige consumação sexual. E, como Tamar ainda é virgem, pertence ao rei. Amnom talvez saiba que Davi lhe permitirá desposá-la, mas isso ele não quer – o que quer é possuí-la sexualmente.

11 O amigo espertalhão de Amnom, Jonadabe, sabe muito bem que espécie de amor ele nutre por Tamar. E quando Amnom lhe fala do que sente, Jonadabe aconselha-o sobre o modo de iludir e dominar a jovem.

AGRESSÃO SEXUAL, ESTUPRO E VIOLÊNCIA DOMÉSTICA

(continuação da p. 175)

E levantando-se seu senhor pela manhã, e abrindo as portas da casa, e saindo a seguir o seu caminho, eis que a mulher, sua concubina, jazia à porta da casa, com as mãos sobre o limiar. E ele lhe disse: "Levanta-te, e vamo-nos",[8] porém ela não respondeu. Então pô-la sobre o jumento, endireitou-se e foi para o seu lugar. Chegando, pois, à sua casa, tomou um cutelo, e pegou na sua concubina, e a despedaçou com seus ossos em doze partes; e enviou-os por todos os cantos de Israel.[9]

JUÍZES 19:20-29

E angustiou-se Amnom até cair doente por causa de Tamar, sua irmã, porque ela era virgem e parecia a Amnom difícil fazer-lhe algo.[10] Tinha porém Amnom um amigo, cujo nome era Jonadabe, filho de Siméia, irmão de Davi: e era Jonadabe homem mui sagaz. O qual lhe disse: "Por que tanto emagreces de manhã à noite, sendo filho do rei? Não mo dirás?" Então lhe disse Amnom: "Amo Tamar, irmã de Absalão, meu irmão." E Jonadabe lhe disse: "Deita-te na cama e finge-te doente. E quando teu pai te vier visitar, dize-lhe: 'Peço-te que minha irmã Tamar venha aqui e me dê de comer pão, e prepare a comida diante de meus olhos para que eu a veja e coma da sua mão.'"[11] Deitou-se, pois, Amnom e fingiu-se doente; e, vindo o rei visitá-lo, disse ao rei: "Peço-te que minha irmã Tamar venha aqui e prepare dois bolos diante de meus olhos para que eu coma da sua mão."

(continua na p. 179)

178 A Sexualidade na Bíblia

12 Tamar resiste a Amnom, não porque ele seja seu meio-irmão ou não a atraia, mas porque sabe que pertence a Davi. Amnom, segundo Tamar, só precisa pedir a permissão do rei para tê-la. Ele não consegue esperar e não a deseja por esposa. Só quer possuí-la sexualmente.

13 A expressão hebraica para "sendo mais forte" tem duplo sentido. Quer dizer "prevaleceu sobre ela", mas também "ficou duro [ereto]".

14 Isso não chega a surpreender: não a amava, apenas a desejava.

15 Eis uma ofensa grave. Ele toma algo que pertence ao rei Davi, sem permissão, e depois quer se livrar do que tomou. Se a conservasse junto de si, se a desposasse em vez de expulsá-la, a vergonha de Tamar não seria tanta. Um cavalheiro agiria assim. Mas ei-la agora envergonhada, um bem danificado e sem lugar para ir.

* No caso do estupro, o sexo não provém do amor. É mera questão de poder e domínio. Ocorrida a violência, a fachada de romantismo desaparece e o ódio vem à tona. O ódio sempre estivera aí, mas levemente disfarçado como desejo sexual. A postura da Bíblia frente ao estupro (o direito que têm alguns homens de dominar sexualmente certas mulheres) não é de maneira alguma única: existiu em quase todas as culturas e existe ainda. Na verdade, apenas a legislação e os movimentos sociais dos últimos quarenta anos é que mostraram algum avanço na maneira de encarar e prevenir o estupro. Os primeiros centros de atendimento a mulheres estupradas surgiram só em 1972. Maridos podiam, legalmente, violentar suas esposas em alguns Estados americanos até 1993 e tivemos de esperar até 1998 para que a agressão sexual fosse classificada como crime. A Bíblia talvez conforte mulheres que sofreram violência sexual, mas não nas passagens que tratam diretamente do tópico. Consultem-se, de preferência, trechos como Isaías 61:1, que diz: "O Espírito do Senhor está sobre mim porque Ele me ungiu; enviou-me a trazer boas novas aos oprimidos, a consolar os aflitos, a proclamar a liberdade dos cativos e a desacorrentar os prisioneiros." Ou a história do Samaritano em Lucas, que mostrou abundância de compaixão e amor por um estranho a quem nunca vira. Eis bons exemplos de que a Bíblia se preocupa com as vítimas do abuso e da aflição.

Agressão sexual, estupro e violência doméstica

(continuação da p. 177)

Mandou então Davi que chamassem Tamar, dizendo: "Vai à casa de Amnom, teu irmão, e faze-lhe alguma comida." E foi Tamar à casa de Amnom, seu irmão (ele, porém, estava deitado), e tomou massa, e a amassou, e fez bolos diante de seus olhos, e cozeu os bolos. E apanhou a fôrma, e esvaziou-a diante dele, porém Amnom não quis comer. E disse Amnom: "Afasta a todos de mim." E todos se retiraram de sua presença. Então disse Amnom a Tamar: "Traze a comida à câmara e comerei da tua mão." E tomou Tamar os bolos que fizera, e os trouxe a Amnom, seu irmão, à câmara. E quando se achegava, para que ele comesse, Amnom segurou-a e disse: "Vem, deita-te comigo, irmã minha." Porém, ela lhe disse: "Não, irmão meu, não me forces porque não se faz assim em Israel. Não cometas tal loucura, pois aonde iria eu com a minha vergonha? Tu, também, serias como um dos loucos de Israel. Vai então falar ao rei, que não me negará a ti."[12] Mas ele não a quis ouvir; e, sendo mais forte, forçou-a e deitou-se com ela.[13] E depois Amnom odiou-a com grande ódio, tão grande que era maior do que o amor com que a amara.[14] E disse-lhe Amnom: "Levanta-te e vai embora." Mas ela respondeu: "Não, meu irmão. Maior seria esse mal que o outro que me fizeste." Mas ele não lhe deu ouvidos.[15]

II Samuel 13:2-16

180   A SEXUALIDADE NA BÍBLIA

16 A metáfora usada por Oséias (casamento com uma meretriz) é das mais caras aos profetas. No entender destes, Deus e Israel são casados. Se Israel permite o culto a deuses estrangeiros ou mesmo interage economicamente com outros países, está traindo Deus, seu marido. Para os profetas, idolatria e adultério são a mesma coisa. No entanto, para que a metáfora funcione, devemos aceitar certos pressupostos com relação a homens e mulheres – e, pela maior parte, não os aceitamos. Imagine-se, por exemplo, um homem hoje diante de um juiz e um tribunal, ponderando: "Mas, Meritíssimo, ela me pôs chifres! Por isso a deixei nua diante de seus amigos, tranquei-a em casa e deixei-a morrer de sede. Fiz bem, não?" Essa defesa não funcionaria; mas, para os profetas e seu público (provavelmente homens da elite), faria sentido. A mulher de comportamento sexual livre que se cuidasse. Na verdade, uma defesa assim até que soaria bem na metade do século XX e pode ainda ser eficaz diante de certos júris.

"Contendei com vossa mãe, contendei, porque ela não é minha mulher e eu não sou seu marido; e desvie ela as suas prostituições de sua face e os seus adultérios de entre os seus seios. Para que eu não a deixe despida e a ponha como no dia em que nasceu, e a transforme como num deserto, e a ponha como uma terra seca, e a mate de sede.[16] E não me compadeça de seus filhos, porque são filhos de prostituições. Porque sua mãe se prostituiu: aquela que os concebeu houve-se torpemente porque diz: 'Irei atrás de meus namorados, que me dão o meu pão e a minha água, a minha lã e o meu linho, o meu óleo e as minhas bebidas.' Portanto, eis que cercarei o teu caminho com espinhos; e levantarei uma parede de sebe, para que ela não ache as suas veredas. E irá atrás de seus amantes, mas não os alcançará; e buscá-los-á, mas não os achará. Então dirá: 'Irei e voltarei ao meu primeiro marido, porque estava melhor então do que agora.' Ela, pois, não reconhece que eu lhe dei o grão, o mosto e o óleo, e lhe multipliquei a prata e o ouro, que eles usaram para Baal. Portanto, tomarei de volta o meu grão a seu tempo; e, a seu tempo, tomarei de volta o meu mosto; e arrebatarei a minha lã e o meu linho, com que cobriam a sua nudez. E agora descobrirei a sua vileza diante dos olhos dos seus namorados e ninguém a livrará da minha mão. Eu farei cessar todo o seu gozo, as suas festas, as suas luas novas, os seus sábados e todas as suas festividades. E devastarei a sua vide e a sua figueira, de que ela me diz: 'É esta a paga que me deram os meus amantes.' Eu, pois, farei delas um matagal e as bestas-feras do campo

(continua na p. 183)

182   A Sexualidade na Bíblia

17 Se você já esteve numa situação de violência doméstica, essas palavras e atos do profeta Oséias devem ter-lhe soado bastante familiares. O homem usa os filhos para ferir a mãe. Primeiro, tenta conversar com a mãe por intermédio deles; depois, volta para eles sua cólera. O marido segue em sua lengalenga de ameaças que ainda hoje conhecemos muito bem: vai isolá-la, não permitindo que saia de casa; vai humilhá-la diante de seus amantes; vai tirar-lhe tudo o que acha ter-lhe dado; e destruirá todas as suas propriedades.

18 A fase de "lua-de-mel" está incluída em certos padrões de violência doméstica. Depois que o agressor cai em si, sobrevém um período de remorso ou de suposta ternura. Ele dirá, por exemplo: "Oh, queridinha, lembra-se de quando nos casamos, de como éramos felizes? Eu a amo, você sabe. Se pelo menos você se comportasse bem, fosse boazinha e não me provocasse, tudo iria às mil maravilhas."[7] É uma boa metáfora para o relacionamento de Israel com Deus, mas baseia-se no que hoje classificaríamos de relacionamento abusivo. Para aceitar como um ato terno e romântico o perdão que, na ideia do profeta, Deus concede a Israel, precisamos ignorar a violência doméstica que anima toda a passagem. A ironia é que essa expressão romântica final, de fidelidade eterna, é usada nas modernas cerimônias de casamento.

* Esse versículo é muito bonito em sua franqueza e simplicidade. Gosto do emprego da palavra "nunca", pois sugere que não há desculpa legítima para agredir (física ou emocionalmente) a esposa.

(continuação da p. 181)

as devorarão. E a castigarei por seus dias festivos de Baal, nos quais lhe queimou incenso, e se adornou dos seus pendentes e das suas gargantilhas, e andou atrás dos seus namorados, mas de mim se esqueceu, diz o Senhor.[17]

Portanto, eis que eu a atrairei e a levarei para o deserto, e lhe falarei ao coração. E ali lhe darei as suas vinhas, e o vale de Acor, por porta de esperança; e ali cantará como nos dias da sua mocidade e como no dia em que subiu da terra do Egito. E acontecerá naquele dia, diz o Senhor, que me chamarás 'meu marido' e não mais 'meu Baal'. E da sua boca tirarei os nomes de Baalim e esses nomes não mais serão mencionados. E naqueles dias farei por eles aliança com as bestas-feras do campo, e com as aves do céu, e com os répteis da terra; e da terra tirarei o arco, e a espada, e a guerra, e os porei em segurança. E desposar-te-ei para sempre; e desposar-te-ei em justiça, e em juízo, e em benignidade, e em misericórdia. E desposar-te-ei em fidelidade, e conhecerás o Senhor."[18]

OSÉIAS 2:2-20

Maridos, amai vossas esposas e não as trateis nunca com dureza.

COLOSSENSES 3:19

184   A SEXUALIDADE NA BÍBLIA

★ Essa passagem pede que os escravos se submetam às surras e abusos, mesmo de natureza sexual, sem dar uma palavra – que sofram em silêncio. Foi usada sem pejo e repetidamente, em púlpitos de igrejas de fazendas, nos Estados Unidos de antes da Guerra Civil.

★ Como vem logo depois do conselho para que os escravos se resignem às agressões, e começa com "do mesmo modo", interpretou-se a I Pedro 3:1 como uma recomendação para que as esposas suportem maridos violentos. Eclesiásticos a invocavam para induzir esposas em situação de brutalidade doméstica a aguentar tudo sem dizer nada, a fim de preservar o relacionamento. Talvez essa não fosse a intenção do autor, mas ainda hoje muita gente supõe que o marido tem poder absoluto sobre a mulher e está no seu direito quando a castiga em determinadas circunstâncias. Isso, porém, contraria frontalmente a ordem em Colossenses 3:1.

19 A identidade do profeta rival do autor (tradicionalmente chamado João) é desconhecida. "João", sem meias-palavras, insiste em que os verdadeiros crentes não devem participar da cultura helenística dominante; ou seja, "não se misturem". Misturar-se é comer os alimentos oferecidos aos deuses romanos, portanto um ato de idolatria. Como para Oséias, Ezequiel e Jeremias, o ato idólatra é adultério e libertinagem (*pornéia*).

20 A mulher culpada, prostituta ou adúltera, fica sexualmente vulnerável a todos (ver Oséias 2:1-13; Ezequiel 23:25-31). Também seus filhos devem morrer.

★ O Apocalipse compara as religiões da sociedade dominante a uma mulher libertina. Com isso, o autor justifica seu estupro e a morte de seus filhos. Embora se trate de uma história simbólica, as metáforas, para ser eficazes e influenciar futuras atitudes, devem basear-se em pressupostos contemporâneos a respeito das mulheres.

Vós, escravos, sujeitai-vos com todo o temor aos vossos senhores, não somente aos bons e humanos, mas também aos maus. Porque é coisa agradável que alguém, por causa da consciência para com Deus, sofra agravos e padeça injustamente. Pois, que glória será essa se, pecando, sois esbofeteados e sofreis? Mas se, fazendo o bem, sois afligidos e o sofreis, isso é agradável a Deus. Para isso fostes chamados; e também Cristo padeceu por nós, deixando-nos o exemplo, para que sigais as suas pegadas. "Ele não cometeu pecado nem sua boca proferiu falsidades." Ele, quando o injuriavam, não injuriava; e quando padecia, não ameaçava, mas entregava-se Àquele que julga com justiça. Levou em seu corpo os nossos pecados na cruz, para que, mortos para os pecados, pudéssemos viver para a justiça; e pelas feridas dele fostes curados.

I Pedro 2:18-24

Do mesmo modo, esposas, submetei-vos aos vossos maridos para que, embora alguns não obedeçam à palavra, possam ser conquistados, em silêncio, pela conduta de suas mulheres.

I Pedro 3:1

Mas tenho contra ti que toleras Jezabel, mulher que se diz profetisa, ensinar e enganar os meus servos, para que se prostituam e comam dos sacrifícios da idolatria.[19] E dei-lhe tempo para que se arrependesse de sua prostituição, mas não se arrependeu. Eis que a estenderei numa cama e sobre os que adulteram com ela virá grande tribulação, se não se arrependerem das suas obras. E ferirei de morte a seus filhos.[20]

Apocalipse 2:20-23[a]

186   A SEXUALIDADE NA BÍBLIA

1 A filha mais velha de Ló acabara de presenciar a tremenda destruição de Sodoma e Gomorra; acha que não sobrou nenhum outro homem na terra.

2 Eu sempre quis saber como as filhas "fizeram" seu pai beber vinho. Por um funil? Recorrendo a ameaças? O texto diz também que Ló ficou bêbado a ponto de não perceber que estava fazendo sexo com ela. Assim, não se pode culpá-lo por possuir as próprias filhas. As jovens o induziram a beber, deixaram-no embriagado e copularam com ele sem que ele se desse conta. A história é, com muita probabilidade, figurativa.

3 A história pretende dizer que os amonitas e os moabitas, estrangeiros e às vezes inimigos dos israelitas, são bastardos incestuosos.

* Talvez as filhas quisessem se vingar de Ló: afinal, ele as oferecera à multidão violenta que cercara sua casa (ver Gênesis 19:8).

* O sexo entre pais e filhas é certamente tabu, mas eu me sentiria melhor caso a Bíblia dissesse isso às claras, o que ela não faz.

Incesto

E subiu Ló de Zoar, e habitou no monte, e as suas duas filhas com ele, porque temia habitar em Zoar; e habitou numa caverna, ele e as suas duas filhas. Então a primogênita disse à menor: "Nosso pai já está velho e não há varão na terra que entre em nós, segundo o costume da terra toda.[1] Vem, demos de beber vinho a nosso pai e deitemo-nos com ele para que em vida conservemos a sua semente." E deram a beber vinho a seu pai naquela noite; e veio a primogênita, e deitou-se com seu pai, e não sentiu ele quando ela se deitou, nem quando se levantou.[2] E sucedeu que, no outro dia, a primogênita disse à menor: "Viste que eu já ontem à noite me deitei com meu pai; demos-lhe a beber vinho também esta noite, e então vai tu, deita-te com ele, para que em vida conservemos a sua semente." E deram a beber vinho a seu pai, também naquela noite; e foi-se a menor, e deitou-se com ele; e não sentiu ele quando ela se deitou, nem quando se levantou. E conceberam as duas filhas de Ló de seu pai. E teve a primogênita um filho, a quem chamou Moabe; este é o pai dos moabitas até o dia de hoje. E a menor também teve um filho e lhe deu o nome de Benami; este é o pai dos filhos de Amom até os dias de hoje.[3]

GÊNESIS 19:30-38

188 A SEXUALIDADE NA BÍBLIA

4 Abraão havia dito ao rei Abimeleque que Sara era sua irmã. Mas Abime-leque descobre que Sara é, de fato, sua esposa. Defendendo-se, Abraão sustenta que estivera dizendo a verdade. Bem, uma meia-verdade: Sara é mesmo sua meia-irmã. Isso nos esclarece que, para Abraão (ou para o autor da história), desposar uma meia-irmã não é inconveniente. Ele se defende mais da acusação de ter dito uma mentira.

5 Leia essa passagem em voz alta. Assim, fica bem mais óbvia a repetição enfática "a filha de Labão, irmão de sua mãe". No curso da história, o autor repete a frase cinco vezes. Quer deixar claro que Jacó desposará uma prima em primeiro grau e que não há nada de mais nisso. De novo, trata-se de manter o patrimônio na família. Abraão insistia muito em que Isaque se casasse com uma mulher de sua própria família e Isaque agiu da mesma maneira com relação a Jacó.

* O incesto é uma dessas questões que cada comunidade deve resolver à sua maneira. No Sul americano de antes da Guerra Civil e em muitas culturas dominadas pela aristocracia rural, as pessoas preferiam casar-se no seio da própria família para que as terras não passassem a mãos estranhas. Em ...*E o Vento Levou*, Ashley Wilkes desposa sua prima Melanie justamente por esse motivo. Sendo produto de uma cultura antiga e estrangeira, a Bíblia, com seus critérios para o casamento, nem sempre é aplicável aos dias de hoje.

No entanto, ela é de fato minha [de Abraão] irmã; é filha de meu pai,[4] mas não de minha mãe; e tornou-se minha esposa.

GÊNESIS 20:12

E sucedeu que quando Jacó viu Raquel, filha de Labão, irmão de sua mãe, e as ovelhas de Labão, irmão de sua mãe,[5] aproximou-se e rolou a pedra da boca do poço, dando de beber ao rebanho de Labão, irmão de sua mãe.

GÊNESIS 29:10

190 A SEXUALIDADE NA BÍBLIA

6 Aqui, a linguagem nos parece estranha; esperaríamos ouvir "não exponhas os genitais da esposa de teu pai porque é coisa abominável de fazer" ou "porque são os genitais de tua madrasta". A passagem diz, explicitamente, que o sexo da madrasta pertence ao pai. Percebemos bem a mentalidade dos antigos israelitas: não se deve expor os genitais da madrasta porque a madrasta e seus genitais são propriedade do pai.

* Essa passagem de Levítico prescreve todas as normas relativas ao incesto. O mais curioso é o que aí não aparece: não se proíbe um homem de possuir sua filha. Isso talvez se devesse ao fato de ser uma prática tão condenável que sequer era necessário mencioná-la; ou, então, como a filha solteira fosse propriedade do pai, ele poderia ter pleno acesso sexual a ela, caso o desejasse.

* De novo, algumas histórias da Bíblia não têm sido de muita valia (na verdade, são até prejudiciais às vezes) para mulheres que sofreram abuso sexual incestuoso. A Bíblia traz passagens sobre pais dedicados, e irmãos que amam e protegem suas irmãs. Mas, no final das contas, convém lembrar que boa parte da Bíblia é a história de um povo. Pouca coisa, ali, diz respeito aos cuidados e ao bem-estar das mulheres. Não raro, a mulher bíblica personifica o próprio Israel. Ela é invadida, despedaçada, exilada. Os autores da Bíblia queriam mostrar que coisas ruins sobrevieram a Israel porque ele era uma mulher má e as merecia. Isso podia ser uma boa metáfora para os contemporâneos dos profetas, mas não vale para as mulheres modernas que foram vítimas de abusos sexuais e precisam de amparo.

Não exporás os genitais de teu pai e de tua mãe: ela é tua mãe, não exporás seus genitais. Não exporás os genitais da mulher de teu pai: são os genitais de teu pai.[6] Os genitais de tua irmã, filha de teu pai ou filha de tua mãe, nascida em casa ou fora de casa; seus genitais não exporás. Os genitais da filha de teu filho ou da filha de tua filha; seus genitais não exporás porque são os teus próprios. Os genitais da filha da mulher de teu pai, gerada de teu pai (ela é tua irmã); seus genitais não exporás. Os genitais da irmã de teu pai não exporás; ela é parenta de teu pai. Os genitais da irmã de tua mãe não exporás; pois ela é parenta de tua mãe. Os genitais do irmão de teu pai não exporás; não te chegarás à sua mulher; ela é tua tia. Os genitais de tua nora não exporás; ela é mulher de teu filho; não exporás seus genitais. Os genitais da mulher de teu irmão não exporás; são os genitais de teu irmão. Os genitais de uma mulher e de sua filha não exporás; não tomarás a filha de seu filho, nem a filha de sua filha, para expor seus genitais; parentas são; abominação é. E não tomarás a irmã da tua mulher, para afligi-la, expondo-lhe os genitais enquanto estiverem ambas vivas.

LEVÍTICO 18:7-18

1 Eis um mandamento específico para as mulheres: não façam sexo com animais. Muitos mandamentos se destinam apenas aos homens – por exemplo, não durma com um homem como se ele fosse uma mulher, não cometa incesto, etc. Este, porém, só diz respeito às mulheres. Talvez signifique que elas gostavam de fazer sexo com animais, mas duvido. Essa proibição é para que coisas díspares não se misturem. Em Gênesis 6:2 e 6:4, vemos que filhos de Deus fazem sexo com fêmeas humanas. Para mim, isso quer dizer que segundo a imaginação dos antigos as mulheres precisam ser protegidas de todos os tipos de agressão sexual. Copular com a divindade (como em Gênesis 6) e fazer sexo com animais era ameaça igual no entender dos sacerdotes: tanto o divino quanto o animal pertencem ao mundo do caos, do incontrolável – o que poderia significar para eles morte certa.

2 A palavra *toevah* (mistura, confusão, abominação) constitui forte indício de que o sexo com animais não é considerado tanto uma infração sexual quanto uma ameaça à estabilidade e à segurança da comunidade inteira. Deus e os animais pertencem à esfera do caos, do incontrolável. E quando o caos impera, a civilização morre.

Bestialismo

Não praticarás o coito com um animal, para não te contaminares com ele; a mulher não se porá diante de um animal para ajuntar-se com ele:[1] isso é confusão [abominação].[2]

LEVÍTICO 18:23

194   A SEXUALIDADE NA BÍBLIA

3 Isso parece não só incrivelmente cruel como também esquisito e sem sentido. Matar um animal serve de exemplo para todos os outros animais? Teremos aqui o reflexo da mentalidade que condena a vítima? De modo algum. O versículo significa apenas que o bestialismo não é, primariamente, uma infração sexual e sim um crime contra a chamada ordem natural das coisas. Se essas duas espécies diferentes se misturam, então a natureza toda poderá misturar-se, o mundo se tornará uma confusão completa e a civilização cairá em ruínas. Matar os dois envolvidos corrige tudo, colocando cada coisa de volta em seu devido lugar.

* Aquilo que chamo de "fator eca!" se destaca bem nessa passagem sobre fazer sexo com animais. Mas convém lembrar: essa lei integra o código que proíbe a mistura de coisas díspares. Para os israelitas, combinar dois tipos de tecido numa mesma roupa seria o mesmo que copular com um bode. Hoje, inserimos sexo bizarro e alimento exótico em categorias morais separadas. O desvio sexual assumiu uma conotação moral bem mais carregada (juntamente com o fator eca!); consideramo-lo ao mesmo tempo um pecado e um crime. Nos Estados Unidos, ainda se observa o fator eca! com respeito a determinados alimentos – carne de cachorro, por exemplo –, mas isso não pertence à esfera do pecado ou do comportamento criminoso. O problema é que vemos na Bíblia a fonte de nossas regras sobre sexo. Na verdade, relativamente ao que é certo ou errado em matéria de sexo, adotamos as normas bíblicas que se coadunam com o código social aceito.

Se um homem copular com um animal, terá de morrer; e o animal deverá ser sacrificado.[3]

LEVÍTICO 20:15

Alegria e deleite sexual

1 A cena de Sara dentro da tenda ouvindo essa conversa e rindo dos mensageiros é uma de minhas favoritas na Bíblia. Acho encantador que Sara considere prazeroso o sexo com seu marido. Às vezes pensamos que, pelo fato de a sexualidade feminina ser considerada propriedade no mundo antigo, o sexo era apenas mais um dever a cumprir. Sara, evidentemente, gostava de Abraão.

2 O verbo aqui traduzido por "andar" não reaparece mais no texto bíblico. Algumas versões inglesas seguem a dos Setenta (tradução grega da Bíblia hebraica) e optam por "refletir". Já me sugeriram que talvez Isaque saísse para se aliviar.

3 Isaque baixa os olhos (para ver o quê?); depois, ergue a cabeça e avista Raquel. Ao mesmo tempo, Raquel avista Isaque (fazendo algo que ela talvez não esperasse) e sua reação é intempestiva: cai do camelo.

* Essa é uma visão jovial da história. Como o hebraico não explica muita coisa e os tradutores não sabem o que fazer, uma leitura sexual burlesca vai aqui tão bem quanto qualquer outra. Aliás, a tradução preserva ainda o sentido bem-humorado do nome "Isaque" (rir).

4 Em hebraico, temos aqui um jogo de palavras. "Isaque" significa "rir" ou "brincar". Em suma, Isaque está isaqueando. Não sabemos ao certo o que fazem Isaque e Rebeca, mas é de natureza tal que, quando Abimeleque os vê, conclui imediatamente: são marido e mulher, não irmão e irmã (conforme Isaque lhe dissera antes). Mesmo numa terra estrangeira onde talvez não faltem perigos, Isaque e Rebeca acham meio de "brincar" um com o outro.

5 Essa combinação de beijar, gritar e chorar ocorre várias vezes na Bíblia, mas em geral quando se trata de lamentar uma perda. Aqui, contudo, há a sensação de um alívio completo. Jacó encontrou sua bem-amada.

* Se você teve sorte bastante para encontrar a pessoa a quem ama, entenderá bem a reação de Jacó diante de Raquel.

Alegria e deleite sexual

E disse: "Certamente voltarei a ti na hora certa. E Sara, tua mulher, terá um filho." E Sara o estava ouvindo à porta da tenda, por trás dele. Ora, Abraão e Sara eram velhos, entrados em anos; Sara não mais podia ter filhos. Por isso riu de si para si, dizendo: "Terei ainda deleite depois de ter envelhecido, sendo também o meu senhor já velho?"[1]

GÊNESIS 18:10-12

Isaque saiu à tarde para andar[2] no campo; e, levantando os olhos, viu camelos que se aproximavam. Também Rebeca levantou os olhos e, quando deu com Isaque, caiu do camelo.[3]

GÊNESIS 24:63-64

E estando ali Isaque há já bom tempo, o rei Abimeleque dos filisteus olhou por uma janela e viu-o brincando com sua esposa Rebeca.[4]

GÊNESIS 26:8

Então Jacó beijou Raquel, gritou e chorou.[5]

GÊNESIS 29:11

200 A SEXUALIDADE NA BÍBLIA

1 Essa é uma das mais citadas frases de afeto e deleite verdadeiros por alguém a quem se ama. Mas sempre me intrigou a mudança súbita de "ele" para "teu". Isso mostra que o poema/cântico foi desmembrado e recomposto de maneira inepta. Ao longo de todo o Cântico dos Cânticos, há uma alternância constante entre uma voz masculina e uma voz feminina, e entre a terceira e a segunda pessoa.

* Essa coletânea bíblica é extraordinária. Nunca menciona Deus, nunca informa se os amantes são casados. Umas vezes, alude de modo velado ao amor puramente físico; em outras, a alusão é direta.

7 Essa analogia não só sugere que o jovem se destaca entre seus pares como faz uma referência toda especial ao seu "fruto". Bem podemos imaginar a suculência e a atração desse "fruto pendurado". As metáforas com frutos, legumes, sementes e semeaduras para sexo são abundantes nas literaturas do antigo Oriente Próximo; a Bíblia está recheada delas e o Cântico dos Cânticos traz pelo menos 38 referências a frutas, botões e árvores. Os botões conotam as imagens dos mamilos e do clitóris; troncos de árvore, bagas e vigas lembram-nos imediatamente o pênis ereto. Ao longo do cântico, percebemos conexões entre a fertilidade do solo, a mulher fértil, as sementes lançadas à terra e a frutificação.

8 De novo, a mudança de "ele" para "teu". O jovem leva a amada para a sala de vinhos – provavelmente a adega, onde a bebida é armazenada para envelhecer. Talvez isso equivalha, no caso de quem mora numa fazenda, à escapada para o estábulo. O versículo sugere que eles fizeram muito sexo e a jovem precisa de alimento para se restaurar.

ALEGRIA E DELEITE SEXUAL

Que ele me beije com os beijos de sua boca. Pois teu amor é melhor que o vinho.[6]

CÂNTICO DOS CÂNTICOS 1:2

Qual a macieira entre as árvores da mata, tal é o meu amado entre os jovens. Com grande deleite eu me assento à sua sombra e o seu fruto é doce ao meu paladar.[7] Levou-me à sala dos vinhos e sua intenção por mim era amor. Sustenta-me com passas, conforta-me com maçãs porque desfaleço de amor.[8] A sua mão esquerda esteja sob minha cabeça e a sua mão direita me abrace!

CÂNTICO DOS CÂNTICOS 2:3-6

202 A SEXUALIDADE NA BÍBLIA

9 Se você já esteve apaixonado, ou pelo menos desejou muito, sabe bem que o efeito desse sentimento lembra a embriaguez. A pessoa já não consegue concentrar-se, já não entende o que os outros dizem e pode mesmo proferir palavras sem nexo.

10 O olfato é talvez o mais poderoso dos sentidos, especialmente quando a sensibilidade se aguça por força de um desejo sexual incontrolável. O Cântico dos Cânticos desfia uma quantidade extraordinária de descrições de fragrâncias.

11 A água é, aqui, uma imagem altamente erótica. A jovem compara seu amado a um jardim luxuriante. Quando fica excitada, suas secreções fluem como um riacho do Líbano.

12 Ela manda que os ventos levem ao amado o cheiro de seu sexo, para que ele venha e "coma de seu fruto". Essa é uma das muitas referências ao sexo oral no Cântico dos Cânticos.

Que doces são os teus amores, irmã minha, esposa minha! Quão melhores são os teus amores do que o vinho[9] e o aroma[10] dos teus bálsamos do que o de todas as especiarias! Favos de mel manam dos teus lábios, minha esposa; mel e leite estão debaixo da tua língua, e o cheiro dos teus vestidos é como o cheiro do Líbano. Jardim fechado és tu, irmã minha, esposa minha, manancial tolhido, fonte selada. O teu canal é um pomar de romãs com frutos excelentes: o cipreste e o nardo, o nardo e o açafrão, o cálamo e a canela, com toda a sorte de árvores de incenso, mirra e aloés, com todas as principais especiarias. És a fonte dos jardins, poço de águas vivas que correm do Líbano![11] Levanta-se, vento norte, e vem tu, vento sul: assopra no meu jardim para que se derramem os seus aromas. Ah, se viesse o meu amado para o meu jardim e comesse os seus frutos excelentes![12]

CÂNTICO DOS CÂNTICOS 4:10-16

Notas

1. Ironicamente, quando eu estudava na Universidade do Tennessee, descobri que meu professor de Estudos Religiosos, o dr. Charles Reynolds, fora preso naquela noite por protestar contra a guerra.
2. Segundo o relatório do Special Rapporteur, apresentado à 58ª sessão da Comissão de Direitos Humanos das Nações Unidas (2002).
3. Para mais detalhes sobre o homoerotismo nessa passagem, ver *Love Between Women*, de Bernadette Brooten.
4. Ver *The Illegitimacy of Jesus*, de Jane Schaberg, para mais informações sobre a visão de Mateus da virgindade de Maria.
5. Para mais detalhes sobre o caráter de Raabe, ver "The Harlot as Heroine: Narrative Art and Social Presupposition in Three Old Testament Text", de Phyllis Bird (*Semeia* 46 [1989]: 119-39).
6. Existem inúmeros artigos sobre Números 5:11-31 no livro organizado por Alice Bach, *Women in the Hebrew Bible*, pp. 461-522.
7. *Battered Love*, de Renita Weem, é a fonte de boa parte desse material.

Sugestões de leitura

Aslan, Reza. *No God but God: The Origins, Evolution, and Future of Islam*. Nova York: Random House, 2005.

Bach, Alice, org. *Women in the Hebrew Bible: A Reader*. Nova York: Routledge Press, 1999.

Brenner, Athalya. *The Intercourse of Knowledge: On Gendering Desire and "Sexuality"in the Hebrew Bible*. Biblical Interpretation Series 26. Leiden, Netherlands: Brill, 1997.

Brooten, Bernadette. *Love Between Women: Early Christian Responses to Female Homoeroticism*. Chicago: University of Chicago Press, 1996.

Camp, Claudia. *Wise, Strange and Holy: The Strange Woman and the Making of the Bible*. Sheffield, UK: Sheffield Academic Press, 2000.

Countryman, L. William. *Dirt, Greed, and Sex: Sexual Ethics in the New Testament and Their Implications for Today*. Filadélfia: Fortress Press, 1990.

Eilberg-Schwartz, Howard. *God's Phallus and Other Problems for Men and Monotheism*. Boston: Beacon Press, 1994.

Exum, J. Cheryl. *Plotted, Shot, and Painted: Cultural Representations of Biblical Women*. Sheffield, UK: Sheffield Academic Press, 1996.

Galambush, Julie. *Jerusalem in the Book of Ezekiel: The City as Yahweh´s Wife*. Atlanta, GA: Scholars Press, 1992.

Hosseini, Khaled. *The Kite Runner*. Nova York: Riverhead Books, 2003.

Kamionkowski, S. Tamar. *Gender Reversal and Cosmic Chaos: A Study on the Book of Ezekiel*. Sheffield, UK: Sheffield Academic Press, 2002.

208   A SEXUALIDADE NA BÍBLIA

King, Karen. *Gospel of Mary of Magdala: Jesus and the First Woman Apostle*. Santa Rosa, CA: Polebridge Press, 2003.

Levine, Amy-Jill. *The Misunderstood Jew: The Church and the Scandal of the Jewish Jesus*. San Francisco: HarperSanFrancisco, 2007.

Martin, Dale. *Sex and the Single Savior: Gender and Sexuality in Biblical Interpretation*. Louisville, KY: Westminster John Knox Press, 2006.

Newsome, Carol, e Sharon Ringe, orgs. *Women's Bible Commentary*. Ed. rev. Louisville, KY: Westminster John Knox Press, 1998.

Russell, Letty, org. *Feminist Interpretation of the Bible*. Filadélfia: Westminster, 1985.

Schaberg, Jane. *The Illegitimacy of Jesus: A Feminist Theological Interpretation of the Infancy Narratives*. San Francisco: HarperCollins, 1987.

Schaberg, Jane. *The Ressurrection of Mary Magdalene: Legends, Apocrypha, and the Christian Testament*. Nova York: Continuum Press, 2002.

Streete, Gail Corrington. *The Strange Woman: Power and Sex in the Bible*. Louisville, KY: Westminster John Knox Press, 1997.

Trible, Phyllis. *Texts of Terror: Literary-Feminist Readings of Biblical Narrative*. Filadélfia: Fortress Press, 1984.

Weems, Renita J. *Battered Love: Marriage, Sex, and Violence in the Hebrew Prophets*. Filadélfia: Fortress Press, 1995.